www.tredition.de

Dr. Carsten Dethlefs

Optimismus für alle

Anregungen, wie man nicht unter seinen
Möglichkeiten bleibt

www.tredition.de

Umschlaggestaltung, Illustration: Susanne Junge
Lektorat, Korrektorat: Susanne Junge

Verlag: tredition GmbH, Hamburg
ISBN: 978-3-8495-7556-4
Printed in Germany

Bibliografische Information der Deutschen Nationalbibliothek:
Die Deutsche Nationalbibliothek verzeichnet diese Publikation in
der Deutschen Nationalbibliografie; detaillierte bibliografische Daten sind im Internet über http://dnb.d-nb.de abrufbar.

Inhaltsverzeichnis

Vorwort

Der Titel dieses Buches ist bewusst an den Ludwig-Erhard-Klassiker „Wohlstand für alle" angelehnt. Denn auch Ludwig Erhard verstand es seinerzeit, Optimismus in einer sehr schwierigen Zeit zu verbreiten. Was dabei herausgekommen ist, kennt man heute landläufig unter dem Begriff „Wirtschaftswunder", obwohl dieses „Wunder" vielleicht gar kein so unnatürlicher Prozess gewesen ist.

Nun bringt der Optimismus nicht notwendigerweise Wohlstand hervor; er hilft aber sicher dabei, Wohlstand zu erlangen. Und hat man diesen Zustand noch nicht erreicht, hilft Optimismus sicher auch dabei, die Situation zu ertragen, weiter auf eine Verbesserung zu hoffen und entsprechende Schritte zu unternehmen, dass man sein Ziel dennoch erreicht.

Doch was ist Optimismus überhaupt?

Der Duden definiert es als „**Lebensauffassung, die alles von der bestmöglichen und guten Seite betrachtet**", als „**Lebensbejahung**". Weiterhin gilt Optimismus als „**Lehre, die besagt, daß die bestehende Welt die beste aller möglichen**" ist und dass „**geschichtliches Geschehen ein Fortschritt zum Guten und Vernünftigen sei**" (Das Neue Duden Lexikon, 1991, Band 7).

So wurde der Optimismus-Begriff auch im philosophischen Bereich ausgiebig diskutiert. Albert Schweitzer hat sich beispielsweise grundlegend mit der Forderung nach Schaffung einer optimistisch-ethischen Weltanschauung auseinandergesetzt. Zu nennen ist hier sein Werk „Verfall und Wiederaufbau der Kultur". Er begründet auf dem Fundament des Rationalismus die Notwendigkeit einer optimistisch-ethischen Kulturweltanschauung. Der Optimismus liefert nach Schweitzer „die Zuversicht, dass der Weltverlauf irgendwie ein geistig-sinnvolles Ziel hat und dass die Besserung der Verhältnisse der Welt und der Gesellschaft die geistig-sittliche Vollendung des einzelnen fördert. Aus dem Ethischen kommt das Vermögen, die zu dem Wirken auf die Welt und die Gesellschaft notwendigen zweckmäßigen Gesinnungen aufzubringen und alle Errungenschaften auf die geistige und sittliche Vollendung des Einzelnen, welche das letzte Ziel der Kultur ist, zusammenwirken zu lassen." (Albert Schweitzer, Verfall und Wiederaufbau der Kultur, S. 72.).

Sogar unter politischen Richtungen existieren Definitionen für Optimismus; Sozialisten beispielsweise deuten den Begriff dahingehend, dass der dialektische Prozess der Geschichte früher oder später alles zum Guten – nämlich in Richtung des Staates – lenken werde.

Keine Naivität

Meine Definition von Optimismus sieht etwas anders aus. Sie legt ihren Fokus vor allem auf den Unterschied zwischen Optimismus und Naivität. Wenn Optimismus bedeutet, alles von der bestmöglichen Seite zu betrachten, dann hat es für mich auch damit zu tun, alles mir selbst mögliche zu unternehmen, um meine Ziele zu erreichen. Wenn ich erwarte, dass mir wie im Schlaraffenland die gebratenen Tauben in den Mund fliegen, so ist das naiv und hat eben mit Optimismus nichts zu tun! Ebenso darf man den Erfolg auch nicht in jedem noch so abstrakten Ereignis sehen. Wenn diese Ereignisse trotzdem zum Erfolg beitragen, hat das oftmals eher etwas mit Zufällen oder dem persönlichen Glück zu tun, aber nichts mit einer begründeten, rational nachvollziehbaren Hoffnung auf das Gelingen einer Sache. **Das bedeutet Optimismus nämlich für mich – das begründete Hoffen auf das Gelingen einer Sache, die man aus eigener Kraft angeschoben hat.**

Ich will das nochmals an einem anderen Beispiel deutlich machen: dem Lottogewinn. Die Wahrscheinlichkeit, jemals im Lotto zu gewinnen, ist statistisch gesehen sehr gering. Würde ich aus Hoffnungslosigkeit deshalb gar nicht erst Lotto spielen, ist die Wahrscheinlichkeit natürlich gleich Null. Spiele ich hingegen Lotto, hat es auch nicht viel mit Optimismus zu tun. Es ist naiv zu glauben, dass gerade ich Lottomillionär werde – die Wahrscheinlichkeit ist einfach zu gering. Und selbst wenn ich denke, mein Glück durch das Zelebrieren unterschiedlicher Glücksriten zu erhöhen, welche die Chance auf einen Gewinn vermeintlich erhöhen, muss man hier eher von Aberglauben, denn von Optimismus sprechen. Optimismus muss sich auf reale Chancen beziehen, nicht auf Utopien!

Diese Aussagen sollen keinesfalls das individuelle Glück verneinen. Ob man in einer Situation Glück haben wird, hängt ganz entscheidend davon ab, welche Karten das Schicksal - eine unsichtbare Macht - für uns bereithält. Wir verstehen unter dem Ausspielen der Schicksalskarten aber oftmals rein zufällige Ereignisse.

Mache das Beste daraus und konzentriere dich nicht zu sehr auf die äußeren Umstände

Der Optimismus, wie ich ihn verstehe, hat zudem auch immer etwas mit einer Entscheidungssituation zu tun. Wenn ich mich beispielsweise verlaufen habe und an einer Weggabelung ankomme, habe ich die Entscheidung zu treffen, welche Richtung ich einschlagen soll. Wichtig hierbei ist, dass ich die Wahl des Weges irgendwie gegenüber mir selbst begründen kann.

Und wenn der gewählte Weg falsch zu sein scheint? Dann stellen sich mir zwei Fragen: War wirklich der Weg falsch? Dann darf ich nicht den Mut verlieren, sondern muss tapfer und hoffnungsfroh den anderen Weg ausprobieren, der nach dem Ausschlussprinzip nun einen größeren Erfolg verspricht. Oder aber war der Weg gar nicht falsch; habe ich eventuell einfach nicht das Optimum aus den vorhandenen Möglichkeiten herausgeholt?

Nur wann und wie merke ich, dass ein Weg falsch ist? Bei dieser Frage handelt es sich um eine ganz individuelle Entscheidung, die viel mit dem persönlichen Empfinden – man könnte sagen, Bauchgefühl – zu tun hat; es kommt ganz auf die eigene Persönlichkeit an. Ob ein Weg falsch oder richtig ist, hängt dabei nicht nur von den äußeren Einflüssen ab, sondern auch davon, was ich mit ihm anzufangen verstehe. Man könnte diesen Sachverhalt auch in dem Spruch „Ist das Leben auch beschissen – man muss sich nur zu helfen wissen" zusammenfassen. Es gibt eben kein Patentrezept für einen erfolgreichen Optimismus – eine positive Lebenseinstellung hilft aber ganz bestimmt.

Keine Sorgenlosigkeit

Fernerhin darf Optimismus nicht mit Sorgenlosigkeit verwechselt werden. Als optimistischer Mensch darf und sollte man sich unbedingt Sorgen machen. Andernfalls wäre man nämlich wieder in die Falle der Naivität getappt nach dem Motto „Mir passiert schon nichts!" Hat man im Gegenzug jedoch schon darüber nachgedacht, was passieren kann, wenn der gewählte Weg scheitert, kann man bereits eine Strategie entwickeln, was im Fall der Fälle zu tun ist, um eine Situation nicht so schlimm wie befürchtet werden zu lassen.

Das Einzige, was strengstens verboten ist: sich durch die Sorgen herabziehen zu lassen und die Welt nur noch durch eine düstere Brille zu sehen. Das wäre Pessimismus! Und so schlecht ist die Welt nämlich insbesondere heutzutage nicht. Das gilt auch für gesellschaftliche Gruppen, die man wohl mit einigem Recht als benachteiligt ansehen kann – ich meine die Gruppe der behinderten Menschen, der ich selbst angehöre. Für diese Menschen ist es umso wichtiger, nicht den Glauben an sich selbst und eine gute Zukunft zu verlieren.

Eigene Erfahrungen

Ich selbst habe erfahren dürfen, wie sehr es sich auszahlt, Hoffnung zu haben und daran zu glauben, dass sich persönliche Ziele erreichen lassen. Das zeigte sich in meinem Leben in jüngster Zeit vor allem an den folgenden drei Beispielen:

Erstens ist es mir gelungen, ein schon lange gehegtes Ziel zu erreichen: eine Dissertation zu verfassen und zu veröffentlichen. Bereits 2004 begann ich, davon zu träumen, doch aufgrund unterschiedlicher – vor allem bürokratischer – Hindernisse wollte es lange Zeit nicht klappen. Doch im April 2013 habe ich endlich promoviert und seit Juli 2013 ist meine Dissertation auch im Buchhandel erhältlich!

Anfang 2013 habe ich dann meine große Liebe gefunden. So möchte ich mich hier auch bei meiner Freundin Andrea Henkel für das Zustandekommen dieses Buches bedanken. Ohne ihre hoffnungsfrohe Unterstützung und die Diskussion über die einzelnen Beiträge in diesem Buch hätte es kaum entstehen können.

Und der dritte Faktor, der stets meinen Optimismus stärkt, ist Susanne Junge, bei der ich mich deshalb an dieser Stelle bedanken möchte. Sie ist eine langjährige, gute Freundin von mir und einer der optimistischsten und fröhlichsten Menschen, die ich kenne. Seit 2008 arbeiten wir bereits erfolgreich zusammen. Sie hat wieder die Lektorin gegeben und für das Layout sowie die elektronische Einspeisung dieses Buches gesorgt.

Diese Beispiele allein zeigen schon, dass man gerne optimistisch sein darf, aber nicht so übermütig sein sollte, alles allein schaffen zu wollen. Das klappt nur in den seltensten Fällen.

Optimismus für alle – Anregungen, wie man nicht unter seinen Möglichkeiten bleibt

In diesem Buch werde ich Ihnen zeigen, wie eine solch schwierige Aufgabe gelingen kann. Bereits zahlreiche Menschen haben schon unter Beweis gestellt, dass man trotz widrigster Bedingungen einen erfolgreichen Weg einschlagen kann. Einige davon stelle ich in diesem Buch vor, dessen Inhalte sich aus den Blogbeiträgen speisen, die ich auf meiner Seite www.carsten-dethlefs.de Woche für Woche veröffentliche, daher bestehen die meisten Quellen aus Internet-Fundstücken. Aus Gründen der Übersichtlichkeit wird darauf verzichtet, diese im Literaturverzeichnis anzugeben; stattdessen wird an entsprechender Stelle durch eine Fußnote darauf verwiesen.

Die Blogs sind durchaus politisch, wenngleich nicht parteigebunden. Sie unterstützen jede politische Richtung, die ein optimistisches und selbstbestimmtes Handeln fördern. Oftmals macht es keinen Sinn, auf politische Aktionen zu warten. Vielmehr sollte man sich darüber Gedanken machen, wie man auch ohne Zutun der öffentlichen Hand ein für sich gutes Leben gestalten kann. Was hierbei persönliches Glück bedeutet, ist höchst unterschiedlich und wohl auch kaum zu 100 % erreichbar. Die Quellen für den individuellen Optimismus zur Erreichung eines guten Lebens sind hierbei freilich höchst vielfältig. Sie können in der Religion, der Erziehung, den persönlichen Erfahrungen und noch vielen anderen Dingen liegen. Das spielt keine Rolle. Eine gemeinsame Quelle wird es in den seltensten Fällen geben. Wichtig ist, dass man seine persönliche Energie so steuert, dass weniger Kraft auf das Jammern und viel mehr Kraft auf die Lösung der Probleme verwendet wird, die das Leben einem jeden von uns vor die Füße wirft.

Dr. Carsten Dethlefs, den 8. Januar 2014

Jetzt ist es aber genug mit schlauen Sprüchen, fangen wir an konkret zu werden, denn „es gibt nichts Gutes, außer man tut es" (Erich Kästner).

Kapitel 1 – Beiträge zum Optimistisch-Werden

Yes, we can: Für eine vorurteilsfreie Gesellschaft

Frauen und Migranten werden häufiger zu Vorstellungsgesprächen eingeladen, wenn das Bewerbungsverfahren anonymisiert ist. Carsten Dethlefs fordert deshalb ein vorurteilsfreies Aufeinanderzugehen, denn nur so würden alle produktiven Ressourcen auch genutzt.

Deutschland gehen die Fachkräfte aus. Dennoch wird das Potential vieler in der Bundesrepublik lebender Menschen übersehen. Viele haben es aufgrund latent oder manifest bestehender Vorurteile sehr viel schwerer, zu Vorstellungsgesprächen eingeladen zu werden. Daher wurde kürzlich die Möglichkeit einer anonymisierten Bewerbung in die Diskussion eingeführt.

Dabei wurde deutlich, dass vor allem Frauen und Migranten von diesem Verfahren profitieren. Eine gesetzliche Verpflichtung für Unternehmen sollte daraus aber nicht entstehen. Besser: Den bisher mutmaßlich benachteiligten Menschen wieder den Mut zu geben, sich für höhere Aufgaben zu bewerben.

Das ist freilich nicht leicht, versuchen doch viele Sozialverbände – der Verfasser hat es selbst miterlebt – durch das Vorschicken der schwächsten Mitglieder die öffentlichen Zuschüsse für ihre Gruppe in die Höhe zu treiben. Dass ein solch kollektives Auftreten einzelner Sozialverbände den Mitgliedern in Gänze nicht gut tut, dürfte einleuchten, denn behinderte Menschen oder Personen mit Migrationshintergrund stellen keineswegs eine homogene Masse dar, sondern unterscheiden sich in ihren Fähigkeiten und Bedürfnissen, **denn jeder Mensch ist einzigartig.** Der Unter-

> *Einen ausländischen Hintergrund oder eine Behinderung kann man eben nicht so leicht ablegen wie die Mitgliedschaft in einer Gewerkschaft oder anderen Verbänden.*

schied ist, dass man einen ausländischen Hintergrund oder eine Behinderung nicht so leicht ablegen kann, wie die Mitgliedschaft in einer Gewerkschaft oder anderer Verbände, was stets das Kollektivbild bestehen lässt, selbst wenn man sich inhaltlich von den Verbänden distanzieren und als Individuum wahrgenommen werden wollte.

Die Soziale Marktwirtschaft hat seit jeher den Ausgleich zwischen den starken und schwachen Gesellschaftsmitgliedern angestrebt. Dass ausländische oder behinderte Menschen nicht notwendigerweise zu den schwächsten Personenkreisen gehören müssen, machen die individuelle Einstellung und viele technische Hilfsmittel möglich. Dass es natürlich der zwischenmenschlichen Hilfe bedarf, steht außer Frage, aber dieser gesellschaftliche Zusammenhalt sollte eigentlich eine Selbstverständlichkeit sein und nicht durch staatliche Maßnahmen verdrängt werden.

Was einzufordern bleibt, ist das vorurteilsfreie Aufeinanderzugehen zum Wohle des ganzen Landes, denn auf diese Weise bleiben keine produktiven Ressourcen mehr ungenutzt. Wenn eine anonymisierte Bewerbung dabei hilft, sollte sie, allerdings ohne gesetzlichen Zwang, eine stärkere Verbreitung finden[1].

Der Verfasser ist seit seinem vierten Lebensjahr physisch erblindet.

---

[1] Dieser Blog-Beitrag erschien am 25. April 2012 auf den Internetseiten der „Initiative Neue Soziale Marktwirtschaft" (INSM); http://blog.insm.de/2604-yes-we-can-fur-eine-vorurteilsfreie-gesellschaft/

Small, still beautiful? – Plädoyer für ein selbstbestimmtes Landleben

Carsten Dethlefs hat ein Plädoyer für ein Leben auf dem Land geschrieben. Dieses Leben sei bedroht. Durch die demografische Entwicklung, durch fehlende Mittel für die Infrastruktur. Dabei seien doch kleine Einheiten die Voraussetzung für ein selbstbestimmtes Leben, sagt der Diplom-Kaufmann und stellt acht Thesen auf, wie das Leben außerhalb von Großstädten gelingen kann. Am Ende, so Dethlefs, könnten Randgebiete Vorreiter für eine Gesellschaft voller Selbstverantwortung, Kreativität und Pioniergeists werden.

Wer kann sich, ob nun aus alten Filmen oder eigener Erfahrung, nicht noch an diese Bilder erinnern? Ein ländliches Idyll mit Bauernhöfen, selbstständigen Handwerkern, kleine Kirchen und Menschen, die noch aufeinander Acht geben und sich selbst in den unterschiedlichsten Situationen helfen können. Interessant ist, dass diese Bilder nicht nur einer alten Romantik entspringen, sondern von einer Gesellschafts- und Wirtschaftsordnung konkret gefordert wurden, welche wir heute unter dem Namen „Soziale Marktwirtschaft" kennen.

Doch scheint dieses Gesellschaftsbild immer mehr in das Reich der Utopie abzugleiten. Dieses gilt umso mehr, je weniger die öffentliche Hand wegen der leeren Kassen die Ausstattung des ländlichen Raumes mit öffentlicher Infrastruktur versorgen kann, und je mehr Menschen es in die Städte zieht. Diese Entwicklung ist vielerorts zu beobachten. Ein Beispiel für die negative demografische Entwicklung auf dem Land gibt der älteste und sehr ländlich geprägte Landkreis Deutschlands, Dithmarschen.

Laut Bevölkerungsvorausberechnung des statistischen Landesamtes Hamburg und Schleswig-Holstein aus dem Jahr 2007 liegt die Geburtenrate bei 1,5 Kindern pro Frau und damit bei weitem unter dem Wert, der zur Erhaltung des Status quo nötig wäre. Und wenngleich dies leicht höher ist als der Bundesdurchschnitt, reicht es angesichts der Finanznot der öffentlichen Hand nicht aus, um die öffentliche Infrastruktur (Schulen, Ämter, Straßen, Internetversorgung) flächendeckend aufrechtzuerhalten. Man hat den Eindruck, eine Spirale der räumlichen Zentralisierung schreitet immer weiter voran.

Die Soziale Marktwirtschaft hat jedoch seit jeher gerade diese räumlichen Einheiten gefördert. Beispielgebend ist hier Wilhelm Röpke, der sein Gesellschaftsideal an einem kleinen Schweizer Bergdorf in seinem Werk „Civitas Humana" verdeutlicht. Dieses auf selbstständigen Existenzen gründende Gemeinschaftswesen sei „eine menschliche Siedlung, wie sie nicht erfreulicher gedacht werden kann". An anderer Stelle greift Röpke die zentrale staatliche Massenfürsorge mit folgendem Zitat an: „Zusammen mit den gleichzeitigen Bestrebungen, den Massen sowohl das Denken wie die Ausfüllung der Muße abzunehmen und sie bei gleichzeitigem Verlust elementarer Freiheiten – ja sogar des Bedürfnisses nach solchen Freiheiten – mit allen möglichen Annehmlichkeiten des Zivilisationskomforts einzulullen, entwürdigen wir den Menschen schließlich zur völlig domestizierten Kreatur, zum schweifwedelnden Haustier". Auch Alfred Müller-Armack, der Begriffsschöpfer der Sozialen Marktwirtschaft, hatte den ländlichen Raum, allerdings durch die Umverteilung öffentlicher Mittel, im Blick.

Aufgrund der leeren öffentlichen Kassen und des Primats der Selbsthilfegesellschaft, wie sie insbesondere von den Protagonisten der Sozialen Marktwirtschaft befürwortet wurde, muss es also darum gehen, Wege zu finden, wie man die **Dezentralität der Wirtschaft und Gesellschaft auch ohne öffentliche Zuschüsse sichern** kann.

Ich habe deshalb die **Dithmarschen Thesen** erarbeitet. Sie sollen Anhaltspunkte dafür liefern, wie eine Selbsthilfegesellschaft organisiert sein kann. Es wird deutlich werden, dass nicht nur der Staat für die Subventionierung der geografischen Randgebiete sorgen muss, sondern es in der Verantwortung eines jeden Bewohners, also freier Menschen selbst liegt, die strukturschwachen Gebiete zu fördern und sich somit selbst zu helfen.

Die Dithmarschen Thesen lauten im Kern:

Zentralisierung ist keine Lösung

Die allgemeine Finanznot der öffentlichen Hand und der demografische Wandel führen insbesondere auf dem Lande zu einer zunehmenden Zentrierung von Aufgaben und der Entvölkerung weiter Teile der Peripherie. Doch diese Tendenz ist keine Zwangsläufigkeit.

Jeder Mensch kann etwas dagegen unternehmen – nicht nur durch Demonstrationen, sondern durch persönliches Engagement. Durch eigene Ideen kann man etwas bewegen.

Daher wird vorgeschlagen:

1. **Bewusstmachung des Wissens und der Fähigkeiten in der Region**

   Man glaubt häufig gar nicht, was auch auf dem Land alles möglich ist – bis man sich seiner eigenen Fähigkeiten bewusst wird. Es wäre daher möglich, einen Wissenspool, beispielsweise einen Wissenspool-Westküste aufzubauen, in welchem diese Fähigkeiten für Einheimische und Auswärtige transparent gemacht und mögliche Anwendungsbeispiele aufgezeigt werden. Dieses wird auch auswärtige Investoren anziehen, weil man sich durch das Wissen über die eigenen Stärken besser darstellen kann. Diese These geht auf Friedrich August von Hayek zurück, der in den 70er Jahren die „Anmaßung von Wissen" in einer zentralen Verwaltungswirtschaft gegeißelt hat. Gleichzeitig erkennt Hayek aber auch die Problematik einer kleingliedrigen Wirtschaftsstruktur: „Der eigentümliche Charakter des Problems einer rationalen Wirtschaftsordnung ist gerade durch die Tatsache bestimmt, dass die Kenntnis der Umstände, von der wir Gebrauch machen müssen, niemals zusammengefasst oder als Ganzes existiert, sondern immer nur als zerstreute Stücke unvollkommener und häufig widersprechender Kenntnisse, welche all die verschiedenen Individuen gesondert besitzen".

2. **Zwischenmenschliche Zusammenarbeit auf allen Ebenen**

Hat man sich erstmal darüber Klarheit verschafft, welche Fähigkeiten man selbst, andere Personen, aber auch die Region besitzen, ist es möglich, sehr effektiv zusammenzuarbeiten und viele Probleme ohne die öffentliche Hand zu bewältigen.

3. **Abkehr vom Anspruchsdenken**

In einer Bürgergesellschaft, wie wir sie anstreben, sind keine Wut- sondern Mutbürger gefragt, wie es auch kürzlich von den unterschiedlichsten politischen Verantwortungsträgern verlautbarte. Man braucht Mut, sich wieder auf sich selbst und auf seine Mitmenschen zu verlassen und Verantwortung für sich und andere zu übernehmen.

4. **Zusammenarbeit zwischen starken und schwachen Gesellschaftsmitgliedern**

Kein Mensch ist in einer freiheitlichen Gesellschaft zur Gänze stark oder schwach. Ein jeder Mensch kann etwas zum Gelingen des gesellschaftlichen Miteinanders tun, ob jung oder alt, ob hier geboren oder nicht. Jeder Mensch hat unterschiedliche Begabungen, die sich wechselseitig ergänzen können.

5. **Selbst versuchen, statt fordern**

Durch das Nachdenken über eigene Problemlösungsstrategien für individuelle Probleme wird man das Empfinden, ungerecht behandelt zu werden, vermindern können. Das Fordern wird hierbei immer weniger Spaß machen, als eigene Lösungsansätze anzustreben.

6. Investitionspool-Westküste

Eine Möglichkeit, größere Unabhängigkeit vom öffentlichen Sektor zu bekommen, ist ein Investitionspool wie beispielsweise der einzurichtende Investitionspool-Westküste. Lokal ansässige Unternehmen aus unterschiedlichen Bereichen könnten sich zu einer Investitionsgesellschaft zusammenschließen, die durch eigene Kraft Projekte finanziert, die für alle Mitglieder des Pools vorteilhaft sind. Welche Projekte gefördert werden, ist von einem branchenübergreifenden Gremium innerhalb dieses Pools zu entscheiden.

7. Habe keinen weltlichen Herrn über Dir und keinen Knecht unter Dir

In einer sich wechselseitig ergänzenden Gesellschaft herrscht eine flache Hierarchie vor, die es jedem Einzelnen ermöglichen soll, seine eigenen Ideen zum Wohl des gesellschaftlichen Ganzen einzubringen. Diese Voraussetzung soll einen Wettbewerb der Ideen auslösen, der abermals die Vielfalt der Ressourcen verdeutlichen kann.

8. Wir sind frei

In den sieben vorangegangenen Thesen sollte klar geworden sein, dass kleine Einheiten weiter möglich sind. Sie sind die Voraussetzung für ein freies, selbstbestimmtes Leben, in welchem man seinen eigenen Wert erkennt und für die Gesellschaft nutzbar machen kann. Nicht gegeneinander, nur miteinander werden wir die Herausforderungen der Zukunft daher bewältigen können. Aber, wir werden sie bewältigen, denn wir sind frei!

Diese Thesen sind vielleicht gerade für den protestantischen Norden kennzeichnend, erinnert der Titel „Dithmarscher Thesen" doch an den Thesenanschlag von Wittenberg durch Martin Luther. So lassen sie sich auch in die lutheranische Tradition einreihen, sind sie doch sehr stark gegen den gesellschaftspolitischen Mainstream ausgerichtet, wie es auch beim Reformator der Fall gewesen ist. Die

Hoffnung besteht, dass sich die Menschen in den geografischen Randgebieten wieder stärker ihrer Freiheit jenseits des Staates gewahr werden und daher die Herausforderungen der Zukunft bewältigen können. Eine Mentalität, wie sie diese Thesen erfordern, ist aber nicht nur für die Menschen auf dem Lande wichtig. Selbstverantwortung, Kreativität und Pioniergeist stellen ein Fundament dar, auf dem eine Gesellschaft aufbaut, die sich von Schwierigkeiten nicht gleich aus der Fassung bringen lässt. Gleichwohl können die Randgebiete hier Vorreiter sein[2].

---

[2] Dieser Blog-Beitrag erschien am 2. November 2012 im Forum Ordnungspolitik (http://www.forum-ordnungspolitik.de/newsroom/gastbeitraege/1222-small-still-beautiful-plaedoyer-fuer-ein-selbstbestimmtes-landleben) und am 17. April 2012 auf den Internetseiten der „Initiative Neue Soziale Marktwirtschaft" (INSM); http://blog.insm.de/2421-small-still-beautiful-pladoyer-fur-ein-selbstbestimmtes-landleben/

Wir wissen selbst, was gut für uns ist

Ich habe kürzlich das Buch „Farm der Tiere" gelesen. Dabei fühlte ich mich an einige Dinge erinnert, die auch heute in Politik und Gesellschaft vor sich gehen. George Orwell hatte das Buch 1945 als Warnung vor einer Wohlfahrtsdiktatur wie beispielsweise der Sowjetunion geschrieben. Hier haben Tiere einen Farmer enteignet, um auf seinem Hof ihr eigenes System – vermeintlich zum Wohle aller – zu errichten. In diesem Reich lautete eine Grundregel: „Alles was auf zwei Beinen geht, ist ein Feind. Alles was auf vier Beinen geht oder Flügel hat, ist ein Freund".

Wissen wir nicht selbst,
was gut und was schlecht für uns ist?

Abbildung 1: Fotos von privat

Diese kategorische Einordnung in das, was gut ist, und das, was schlecht ist, erleben wir heutzutage auf's Neue. Es geht nicht mehr um Zwei- oder Vierbeiner, sondern beispielsweise um die Ernährungsgewohnheiten: „Vegetarier-Sein gut – Fleisch-Essen schlecht", „Fahrrad fahren gut – Auto benutzen schlecht", „einheitlicher gesetzlicher Mindestlohn gut – regional- und branchenspezifische Mindestlöhne schlecht".

Ist Deutschland nicht zu vielfältig,
um alles zu vereinheitlichen?

Kategorisch zu urteilen ist gefährlich: Ein Mindestlohn in München müsste sicherlich anders aussehen als ein Mindestlohn in Mecklenburg-Vorpommern oder Schleswig-Holstein. Während die Unternehmen in der einen Region für gute Arbeit mehr bezahlen könnten, würde derselbe

Mindestlohn die Finanzkraft von Unternehmen in einer strukturschwachen Region übersteigen. Ein Mindestlohn wäre – frei nach Walter Eucken – nur dann gerechtfertigt, wenn bei sinkenden Löhnen das Angebot an Arbeitskräften ansteigt. Eucken begründet es damit, dass eine Person nicht mehr alleine in der Lage ist, eine Familie zu ernähren und daher mehrere Familienmitglieder arbeiten gehen müssten.

Führt man dennoch zentrale Regelungen ein, zeigt es nur eines: Die Politik handelt kategorisch und nimmt den Tarifparteien Ihre Freiheit selbst faire Löhne auszuhandeln. Inwiefern Löhne fair sind, kann der Staat ohnehin nicht bestimmen, da er nicht den subjektiven Nutzen kennt, den einzelne Menschen von angebotenen Leistungen haben[3].

Man mag sich fragen, um was für eine Diskussionskultur es sich in diesem Lande handelt. Es werden von Machtzentren gedankliche Fronten errichtet, die wie kategorische Imperative daherkommen. Ist das einer Demokratie zuträglich? Ich persönlich habe Angst vor solchen Besserwissern (Friedrich August von Hayek hätte von einer Anmaßung von Wissen gesprochen) und hoffe sehr, dass man in ganz vielen Dingen wieder zum Dialog zurückkehrt.

So sagte doch schon Sokrates: „Ich weiß, dass ich nichts weiß." Das hört sich doch ganz anders an als „Ich weiß, was gut für Euch ist." Letzteres Denken scheint aber immer mehr Platz zu greifen. Die Mehrheit soll durch die Entscheidungen einer Zentralstelle dominiert werden, ohne die gewachsenen Strukturen der dezentralen Entscheidungsorgane wie Gewerkschaften und andere Verbände zu berücksichtigen.

Ich weiß, dass ich nichts weiß.

Sokrates

---

[3] Der Autor empfiehlt hierzu den Artikel "Gibt es den gerechten Preis?" im INSM-Blog; http://blog.insm.de/5499-gibt-es-den-gerechten-preis/; verfasst von Dagmar Schulze Heuling und Oliver Treidler.

Zentrale Entscheidungen nehmen vielen Gruppen die Autonomie

Dieses ist gerade mit der sozialen Marktwirtschaft unvereinbar, die durch Denker wie Wilhelm Röpke und Alfred Müller-Armack stets das dezentrale Element dieser Wirtschafts- und Gesellschaftsordnung betont haben. Natürlich, es ist Wahlkampf und Politiker kommen mit zugespitzten Formulierungen daher. Doch ist es bezeichnend, dass man mit einer den Föderalismus berücksichtigenden Argumentation keinen Erfolg mehr zu haben glaubt. Für die Bundespolitik wäre eine stärkere Zentrierung natürlich sinnvoll, wird man doch lästige Mitdiskutanten los und erhöht seine eigene Machtfülle. Für eine funktionierende föderale Gesellschaft taugt dieses freilich nicht – das gilt insbesondere für Mindestlöhne, auf die Unternehmen bei wirtschaftlichen Schwankungen nur noch mit Entlassungen oder der Vergabe von kurzfristigen Werkverträgen reagieren könnten.

Was bleibt zu tun?

Man sollte den Menschen wieder mehr Entscheidungsfreiheit zutrauen und gewähren. Die Politik weiß eben doch nicht immer besser, was gut für jeden einzelnen ist. Auch George Orwell sah diese Gefahr: Menschen und Tiere werden sich immer ähnlicher. Die Schweine erheben sich über die anderen Tiere, zuletzt kann man gar nicht mehr zwischen Tierdiktatur und menschlicher Knechtschaft unterscheiden[4].

---

[4] Dieser Blog erschien am 26. August 2013 auf der Internetseite des Autors, http://www.carsten-dethlefs.de/wir-wissen-selbst-was-gut-fuer-uns-ist

Das ungehobene Potential der Arbeitskräfte

Schon lange – nicht erst bei der Klausurtagung des Deutschen Bundestages 2013 in Meseberg – raufen sich Politiker und unterschiedlichste Verbandsfunktionäre darüber die Haare, woher man angesichts des demografischen Wandels künftig die dringend benötigten Fachkräfte in Deutschland nehmen soll. So könnten bis zum Jahr 2025 bis zu drei Millionen Fachkräfte fehlen. Dieser Mangel könnte die Wirschaft lähmen und die Konkurrenzfähigkeit Deutschlands auf dem Weltmarkt negativ beeinflussen. Während die Gewerkschaften eine eher restriktive Haltung gegenüber der Zuwanderung qualifizierter Menschen aus dem Ausland haben, befürworten wirtschaftsnahe Gruppierungen diese. Auch die Erhöhung des Frauenanteils in den Betrieben wird als Mittel gegen den Fachkräftemangel gerne ins Feld geführt. Während sich in dieser Diskussion somit unterschiedlichste Meinungen gegenüberstehen, wird jedoch eine Gruppe vollständig vergessen, die ein ansehnliches Potential von Arbeits- und Fachkräften bietet – die Gruppe physisch behinderter Menschen. In Deutschland gilt nach dem SGB IX, 1, §2 jeder Mensch als behindert, wenn die „körperliche Funktion, geistige Fähigkeit oder seelische Gesundheit mit hoher Wahrscheinlichkeit länger als sechs Monate von dem für das Lebensalter typischen Zustand abweichen". Das statistische Bundesamt gibt für das Jahr 2011 eine Fallzahl von 7,3 Millionen schwerbehinderten Menschen für Deutschland an.

Würde man auch nur einen Teil dieser Arbeitskräfte, die oftmals noch voll dem Arbeitsmarkt zur Verfügung stehen, reaktivieren können, wieder in den Arbeitsmarkt re-integrieren, würde ein guter Teil der Probleme gelöst sein.

Die Politik der Behindertenverbände scheint Integration im Wege zu stehen

Neben vorherrschenden Vorurteilen und mangelnder Aufklärung scheint auch häufig die Verbandspolitik der betroffenen Gruppen einer schnellen und zielführenden Integration dieser Menschen in den Arbeitsmarkt im Wege zu stehen. Diese Verbände setzen nämlich oftmals eher auf eine passive Versorgung ihrer Mitglieder, denn auf Aktivierung dieses

Potentials (ich habe bspw. in einem Interview mit der „Welt Online" betont, dass man doch „mehr kann, als nur blind zu sein"[5]).

Dass sich der Arbeitsmarkt bei schwerbehinderten Menschen asymmetrisch zu dem bei nicht behinderten Menschen entwickelt, zeigen Statistiken der Arbeitsagentur, was Sie grob an den beiden folgenden Grafiken ablesen können[6]:

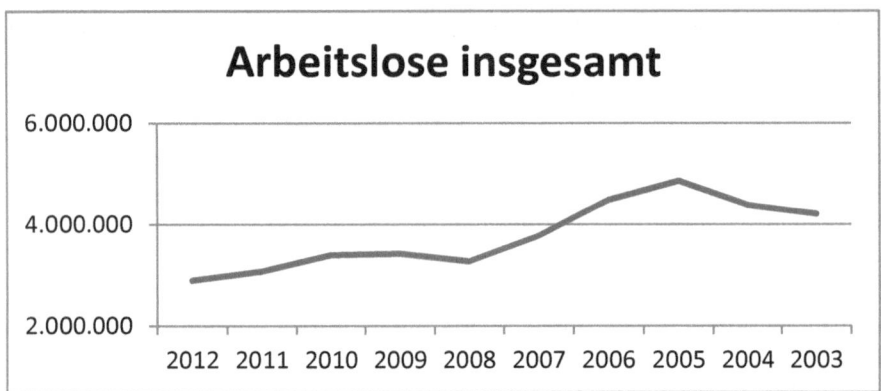

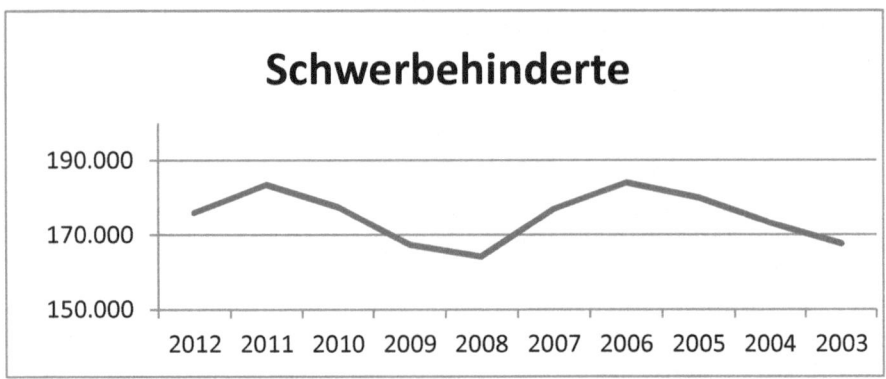

---

[5]   http://www.welt.de/politik/deutschland/article10297760/Man-kann-doch-mehr-als-nur-blind-zu-sein.html; Interview vom 15.10.2010.

[6] Im Blogbeitrag http://www.carsten-dethlefs.de/das-ungehobene-potential-der-arbeitskraefte vom 16. August 2013 habe ich exemplarisch die Zahlen von 2011 verwendet, wo von April 2010 zum April des folgenden Jahres die Anzahl schwerbehinderter arbeitsloser Menschen um 5.993 oder 3,4 % stieg.

24

Warum kommt es aber zu einer solchen Verschwendung des Potentials? Nach Meinung des Verfassers geht es darum, dass viele Arbeitgeber nicht ausreichend über die kostenneutrale Beschäftigung von Mitarbeitern mit Handicap aufgeklärt sind. Dieses ist jedoch – insbesondere von den Interessensvertretungen dieser Menschen – einzufordern.

Wie nützlich eine bessere Integration behinderter Menschen in den Arbeitsmarkt sein könnte, zeigen auch die Abgaben, die Unternehmen ab einer bestimmten Größe zahlen müssen, wenn sie ihre Behindertenquote nicht erfüllen. Diese Abgabe ist zu zahlen von allen privaten und öffentlichen Arbeitgebern mit jahresdurchschnittlich monatlich mindestens 20 Arbeitsplätzen. Sie ist zu zahlen, wenn nicht mindestens 5 % der Arbeitsplätze mit schwerbehinderten Menschen besetzt sind (siehe SGB IX Teil 2 Kapitel 2, http://de.wikipedia.org/wiki/Ausgleichsabgabe). Statt also Ausgaben bei der Nichterfüllung dieser Quote zu haben, könnte man von der Leistungsfähigkeit behinderter Menschen profitieren und Einnahmen generieren.

Bei der Beschäftigung behinderter Menschen gibt es Hilfe

Bei der Beschäftigung behinderter Menschen gibt der Gesetzgeber auch Hilfestellung.

Ich möchte mit diesem Beitrag somit nicht der Einschränkung des Zuzugs von Fachkräften aus anderen Staaten das Wort reden, vielmehr ist eine positive und vorurteilsfreie Sicht auf noch unausgeschöpfte Potentiale hierzulande und anderswo einzufordern. Ich möchte mit diesem Beitrag eine Erweiterung des Blickwinkels aller Beteiligten liefern.

Ich selbst gehöre dieser Gruppe – der Gruppe blinder Menschen – an. Lassen Sie uns doch gemeinsam an der Aufklärung darüber arbeiten, welche Potentiale behinderte Menschen für die Gemeinschaft bieten können!

Was bedeutet Gerechtigkeit?

In der bundesdeutschen Geschichte wurde wohl über keinen Begriff so kontrovers gestritten wie über den der Gerechtigkeit. Und das kann auch nicht verwundern, denn was für den einen gerecht ist, erscheint für viele andere als höchst ungerecht. Dieses lässt sich trefflich an der oftmals als ungerecht empfundenen Höhe der Steuern und Abgaben verdeutlichen. Trotz dieser Lasten, die eigentlich für die gleichmäßigere Verteilung des Wohlstandes sorgen sollen, vergrößert sich – so zeigen es einige Statistiken – der Wohlfahrtsabstand zwischen den einzelnen Gesellschaftsschichten. Und hier haben wir schon die Wurzel vieler im Nachhinein als heuchlerisch empfundener Aussagen gefunden. Statistiken lassen sich – das wusste nicht erst Churchill – trefflich durch die Art der Fragestellung oder die Einbeziehung/Weglassung bestimmter Variablen manipulieren. Verlässt man sich somit verstärkt allein auf Statistiken, wie es in der modernen Volkswirtschaftslehre neuerdings üblich ist, wird man leicht in die Irre geführt.

Es gibt nicht DIE Gerechtigkeit

Um das Wesen der Gerechtigkeit zu verstehen, ist zunächst folgende Feststellung wichtig: *Es gibt nicht DIE Gerechtigkeit.* Es sind jedoch zwei grundsätzliche Sichtweisen auf gerechtes Handeln möglich – die egalitaristische und die non-egalitaristische. Während die egalitaristische Sichtweise relational bestimmt, was gerecht ist (hat der reichste Mensch im Lande mehr Geld, brauche ich auch mehr) – beziffert die non-egalitaristische Variante die Dinge als gerecht, die ausreichen, um meine Bedürfnisse zu erfüllen (gerecht ist, wenn ich so viel habe, dass es mir gutgeht). Derik Parfit führt zur Ver-

> *Egalitarismus:*
> *Hat der reichste Mensch im Lande mehr Geld, brauche ich auch mehr!*

> *Non-Egalitarismus:*
> *Gerecht ist, wenn ich so viel habe, dass es mir gutgeht!*

deutlichung des Non-Egalitarismus folgendes Beispiel an: „In großer Höhe fällt Menschen das Atmen schwerer. Ist dies so, weil sie sich an einem höher gelegenen Ort befinden als andere? In einem gewissen Sinne ja. Allerdings würde ihnen das Atmen genauso schwer fallen, wenn es weiter unten keine anderen Menschen gäbe."

Ist der Non-Egalitarismus gerechter?

Bei der non-egalitaristischen Variante der Gerechtigkeit findet demnach kein übermäßiger Ausgleich statt, außer in Notsituationen. Kann man also sagen, dass man bei der dieser Form der Gerechtigkeit unter seinen Möglichkeiten bleibt? Oder kann man sagen, dass bei der egalita-

Abbildung 2: Foto aus wikipedia, 2008, User: Avjoska

ristischen Variante der Gerechtigkeit die genügsamen Charaktere diskriminiert werden? Im Grunde haben beide Varianten der Gerechtigkeit etwas für sich. Die non-egalitaristische Gerechtigkeit darf nur nicht so weit geführt werden, dass andere Menschen derart reich werden, dass sie andere despotisch beherrschen können.

Philosophen und Ökonomen beherrschen die Welt

John Rawls, einer der größten Philosophen des 20. Jahrhunderts, nimmt eine Mittelposition zwischen den Gerechtigkeitsvarianten ein. Seine Forderungen bestehen darin, dass jeder Mensch die gleichen Grundfreiheiten besitzen soll, dass niemand aufgrund von Dingen, für die man selbst nichts kann, schlechter gestellt sein darf, und dass stets der Mensch das Ziel allen Handelns sein soll und niemals Mittel zum Zweck. Die Rahmenbedingungen müssen zudem so gestrickt sein, dass es jederzeit möglich ist, in der Gesellschaftshierarchie durch eigene Anstrengungen aufzusteigen. Wird dieser Weg durch festgefügte Eliten versperrt, läuft etwas schief mit der Gerechtigkeit.

Am Schluss bleibt somit festzuhalten, dass kurzfristige Wahlversprechen keine Hilfe bei der Behebung von Ungerechtigkeit sind – benachteiligt fühlt man sich vielleicht ja schnell. Auf die Strukturen kommt es an[7].

Vertiefen Sie die Diskussion weiter mit dem Buch

„Soziale Gerechtigkeit in Deutschland – Eine historische Analyse des kontraktualistischen Gerechtigkeitsverständnisses nach John Rawls in der deutschen Wissenschaft und Politik"

verfasst von Dr. Carsten Dethlefs.

Es ist im Buchhandel erhältlich oder kann online bestellt werden.
ISBN 978-3-7316-1025-0.

---

[7] Dieser Blog erschien am 9. September 2013 auf der Internetseite des Autors, http://www.carsten-dethlefs.de/was-bedeutet-gerechtigkeit.

Auf zur Wahl!

Dieser Blog wurde am 16. September 2013 verfasst, anlässlich der Bundestagswahl am 22. September 2013, er gilt aber eigentlich immer, egal ob Kommunal-, Landtagswahl oder Bundestagswahl oder Europawahl ansteht, denn

Stimmenenthaltung steht nicht zur Wahl!

„Sie wissen, dass in knapp einer Woche wieder Bundestagswahlen in Deutschland stattfinden. Ich möchte Sie dazu aufrufen, Ihre Stimme abzugeben und sich somit am politischen Geschehen zu beteiligen. Falls Sie viel zu kritisieren haben, ist Stimmenenthaltung sicher kein Mittel, seinen Unmut zum Ausdruck zu bringen. Vielmehr sollten Sie dann bei der übernächsten Wahl selbst kandidieren. Denn in einer Demokratie kann jeder etwas bewegen, wenn man nur genug Durchhaltevermögen und gute Ideen hat!"

Untermauert habe ich meinen Aufruf mit einem Gedicht von Johann Wolfgang von Goethe, das dem Werk "Gedichte, Zahme Xenien 4" entnommen ist.

> Das Weltregiment – über Nacht
>
> Seine Formen hab ich durchgedacht:
>
> Den hehren Despoten lieb ich im Krieg,
>
> Verständigen Monarchen gleich hinter dem Sieg;
>
> Dann wünscht ich jedoch, daß alle die Trauten
>
> Sich nicht gleich neben und mit ihm erbauten.
>
> Und wie ich das hoffe, so kommt mir die Menge,
>
> Nimmt hüben und drüben mich derb ins Gedränge;
>
> Von da verlier ich alle Spur. –
>
> Was will mir Gott für Lehre daraus gönnen?
>
> Daß wir uns eben alle nur
>
> Auf kurze Zeit regieren können.

Diskriminierung oder Ansporn zum Besserwerden?

Wir erinnern uns vielleicht noch daran, als Anfang des Jahrtausends die Pisastudie – durchgeführt von der OSZe – den deutschen Schülerinnen und Schülern im internationalen Vergleich ein schlechtes Zeugnis hinsichtlich ihrer Leistungsfähigkeit ausstellte. Daraufhin wurden Reden geschwungen und Politiker schoben sich den schwarzen Peter gegenseitig zu.

Jetzt wurde eine ähnliche Studie für Erwachsene erarbeitet und Deutschland ist abermals in heller Aufregung. Doch sagen solche Statistiken wirklich, dass Deutschland unter seinen Möglichkeiten bleibt?

> *Zeigen die PISA-Studien wirklich, dass Deutschland unter seinen Möglichkeiten bleibt?*

Die Lesekompetenz, eine richtige Rechtschreibung und die Kompetenz, mit einem Computer umzugehen, sind zweifelsohne heutzutage wichtige Dinge. Doch sagt eine solche Statistik wirklich, ob man nicht auch mit durchschnittlichen Fähigkeiten auf diesen Gebieten ein erfolgreicher Handwerker, Landwirt oder ähnliches sein kann?

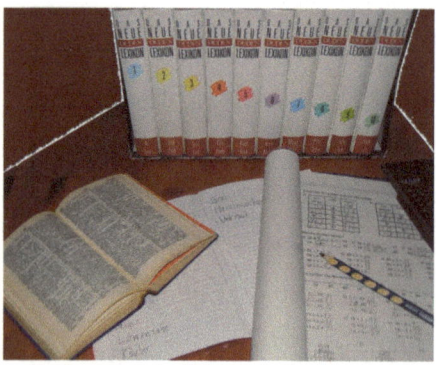

Abbildung 3: Lesen, Schreiben, Rechnen? Foto von privat

Natürlich wird in diesem Zusammenhang gleich wieder die Herkunftskeule herausgeholt. Menschen, die bei dieser Studie schlecht abschneiden, kommen natürlich aus sozial schwachen Familien, was vielen Politikern in die Karten spielt. Sie können nämlich abermals der Illusion erliegen, dass, wenn sie mehr Geld in die Bildung stecken und/oder die Sozialpolitik ausweiten, sich auch die hier angemahnten Fähigkeiten verbessern. Dass es jedoch so einfach ist, glaube ich nicht. Sozial schwächere Familien, die aber eventuell mit ihrem Leben zufrieden sind, könnten sich von derlei Statistiken diskriminiert und sogar bevormundet fühlen.

Oder ist es so, dass der Staat dafür Verantwortung übernehmen sollte, dass seine Bürgerinnen und Bürger auch in der Breite überall spitze sind? Darf man in Deutschland also gar nicht mit einer vergleichsweise geringen Qualifikation zufrieden sein? Hierüber sagen Statistiken natürlich nichts aus[8].

---

[8] Dieser Blog erschien am 14. Oktober 2013 auf der Internetseite des Autors, http://www.carsten-dethlefs.de/diskriminierung-oder-ansporn-zum-besserwerden

Mindestlohn oder Mindestlohn?

Der Mindestlohn wird kommen, das gilt als sicher. Aber wie wird er aussehen? Dieser Beitrag lotet aus, wie ein möglicher Kompromiss zwischen Union und SPD ausgestaltet werden könnte.

Während die Union auf branchenspezifische und regional unterschiedliche Mindestlöhne setzt, möchte die SPD flächendeckende und einheitliche Mindestlöhne einführen.

Die Vorteile eines branchenspezifischen und regional differierenden Mindestlohnes liegen auf der Hand. Branchen, die sich gerade in einer schwierigen wirtschaftlichen Situation befinden, können ihre Lohngrenzen sehr viel autonomer und flexibler handhaben, als wenn diese von der Politik festgesetzt wären. Die Tarifautonomie der Sozialpartner ist darüber hinaus auch im Rahmen des Grundgesetzes „Koalitionsfreiheit" im Artikel 9 Absatz 3 verfassungsrechtlich geschützt.

Ein weiterer Vorteil wäre, dass auch gering qualifizierte Personen einen Arbeitsplatz bekämen – Personen also, die nicht in der Lage sind, Arbeiten im Wert eines (höheren) zentral festgesetzten Mindestlohnes zu erbringen. Geringere Löhne werden dann über die Steuern von der gesamten Gesellschaft aufgestockt (Aufstocker).

Außerdem würde ein zentral festgesetzter Mindestlohn zum Spielball der Politik im Wahlkampf werden und somit eher parteipolitischen Interessen als ökonomischer Vernunft gehorchen.

Die Befürworter eines flächendeckenden, einheitlichen Mindestlohnes argumentieren freilich anders.

Für sie soll es eben keine regional unterschiedlichen Löhne geben. Dieses würde, so die Argumentation, die Landflucht aus strukturschwachen Gebieten eindämmen. Die Aufstockung zu geringer Löhne durch Steuerzahlungen sind für diese Meinungsvertreter eher eine „Subventionierung der Ausbeuter".

Das mag von der Tendenz her dort zutreffen, wo Arbeitgeber- und Arbeitnehmervertreter sich nicht auf Augenhöhe begegnen, um Löhne auszuhandeln und dort, wo das Angebot an Arbeitskräften die Nachfrage bei Weitem übersteigt.

Diese grundlegend unterschiedlichen Positionen werden in einem Koalitionsvertrag zusammengeführt werden müssen. **Wie könnte nun ein Kompromiss aussehen?**

Am Postulat eines Mindestlohnes führt kein Weg vorbei. Daher könnte man den Tarifparteien in allen Branchen eine Frist einräumen, in der jeweiligen Branche einen spezifischen Mindestlohn auszuhandeln.

Dort, wo die Arbeitnehmer nicht ausreichend repräsentiert sind, sollte von der Regierung ein Schlichter eingesetzt werden.

Die ausgehandelten Mindestlöhne sind sodann gesetzlich festzuschreiben. Die Frist ist nicht verlängerbar.

Sollte innerhalb des gesetzten Zeitrahmens keine Einigung erzielt werden, greift ein staatlich festgesetzter Mindestlohn.

Auf diese Art und Weise hat man die Tarifautonomie gewahrt und die Gefahr der „Ausbeutung" gebannt.

Die regionale Unterschiedlichkeit der Löhne muss jedoch bestehen, da die Kaufkraft eines Betrages von – sagen wir – 8,50 Euro bundesweit höchst unterschiedlich ist. Hierfür würde auch die föderale Struktur der Tarifparteien sorgen[9].

---

[9] Dieser Blog-Beitrag erschien am 18. Oktober 2013 auf den Internetseiten der „Initiative Neue Soziale Marktwirtschaft" (INSM); http://blog.insm.de/8868-mindestlohn-oder-mindestlohn/

Was braucht es, um liberal zu sein?

In der öffentlichen und vor allem politischen Diskussion wird das Wort „liberal" oftmals als abwertendes Schlagwort für den so genannten „Turbokapitalismus" gebraucht. Auf der anderen Seite möchten Menschen aber gerne liberal sein und auch so behandelt werden.

Genauso wie das Wort „konservativ" kann man die Bedeutung von „liberal" nicht verallgemeinern. Man kann anarcholiberal, ordoliberal, linksliberal oder paläoliberal sein. Auf der konservativen Seite steht diesen Ausprägungen der Strukturkonservatismus, der Nationalkonservatismus, der Wertekonservatismus oder christliche Konservatismus gegenüber.

Liberal ist nicht gleich liberal

Ich finde, die Mischung aus Ordoliberalismus und Wertkonservatismus wäre der Königsweg, um sich selbst als „liberal" zu bezeichnen.

Nur, wie geht das?

Vereinfacht gesagt geht die Freiheit eines jeden nur soweit, bis er andere Menschen einschränkt. Nur wann ist das? Begreifen wir, wann wir die Freiheit anderer Menschen einschränken und merken es diese Menschen selbst? Das ist also schwierig.

Daher seien folgende Anhaltspunkte für ein liberales Leben formuliert:

- Man sollte gegenüber anders denkenden, anders aussehenden und anders handelnden Personen tolerant sein und sie gewähren lassen.
- Man sollte ein eigenes festes Wertefundament haben, denn liberal zu sein, heißt nicht, beliebig zu sein.
- Man sollte die Handlungen anderer Menschen so lange tolerieren, bis sie gegen das eigene Wertefundament verstoßen. Wenn dieses passiert, wird man ihnen ihre Handlungen nur in den wenigsten Fällen verbieten können. Aber man kann die Eigeninitiative ergreifen, um dagegen anzugehen.

꿍꿍

Eigeninitiative ist ein ganz wichtiges Stichwort für einen liberal-konservativen Menschen. Wenn man eine Sache nicht tolerieren kann, sollte man überlegen, dagegen etwas zu unternehmen. Das heißt nicht, dass man die Welt verändert. Aber man wird ein besseres Gefühl haben, wenn man es versucht hat.

꿍꿍

- Man sollte sich nicht über andere Menschen stellen, sondern begreifen, dass es vielfältige Situationen gibt, in denen man selbst Hilfe benötigt und mit anderen Personen kooperieren muss. Man könnte auch sagen: In einer freiheitlichen Gesellschaft ist niemand zur Gänze stark oder schwach. Es kommt auf die Situation drauf an (Lesen Sie dazu auch die Dithmarscher Thesen ab Seite 16!).

Ach ja, Neid ist einem liberalen Menschen auch nicht eigen. Er hat nämlich jederzeit die Hoffnung, seine Träume selbst erreichen zu können[10].

---

[10] Dieser Blog erschien am 4. November 2013 auf der Internetseite des Autors, http://www.carsten-dethlefs.de/braucht-es-um-liberal-sein

Der Mensch in der Schublade

Es liegt in der menschlichen Natur, Personen gedanklich in bestimmte Schubladen zu stecken. Dieses tun wir nicht aus Böswilligkeit oder grundsätzlicher Ablehnung. Es ist eben ein wirksames Mittel, unseren Geist in einer hochkomplexen Welt zu entlasten und uns die Welt einfacher zu machen, als sie es eigentlich ist.

So sind Bayern Menschen mit einem dicken Bauch, die bereits zum Frühstück Bier trinken; Schotten haben den Geiz erfunden; Iren trinken täglich Whiskey; Belgier essen ständig Pommes Frites usw. Die Liste ließe sich beliebig verlängern.

Abbildung 4: Foto - privat

Auch wenn diese Vorstellungen in einigen Fällen zutreffen mögen, sollte man diese Annahmen doch nicht generalisieren. Denn sie sind auch für viele Menschen dieser Gruppen diskriminierend, auf die diese Annahmen nicht zutreffen.

Im Folgenden möchte ich mit zwei Annahmen aufräumen, die eine Gruppe betreffen, der ich unfreiwillig bereits seit [über] 30 Jahren angehöre: Es ist die Gruppe der blinden Menschen.

Annahme 1: Blinde Menschen sind vor allem mit blinden Menschen zusammen und kennen wenige Menschen, die nicht blind sind.

Dieses ist eine Annahme, die ich nicht bestätigen kann. Natürlich ist es in schwierigen Situationen – und das ist der Moment der Erblindung zweifelsohne – hilfreich, sich mit anderen Betroffenen auszutauschen. Ande-

36

rerseits ist man nach wie vor ein ganz normaler Mensch. Ich möchte niemandem meiner Mitbetroffenen verbieten, und kann dieses auch gar nicht, sich überwiegend mit blinden Menschen auszutauschen. Diese Annahme darf nur nicht als unhinterfragte Behauptung im Raume stehen bleiben. Ich persönlich kenne einen blinden Menschen gut, ansonsten bin ich nur mit visuell nicht eingeschränkten Personen zusammen.

Und das ist auch gut.

Viele Alltagsdiskussionen und Erfahrungen würden mir ansonsten verschlossen bleiben. Ich habe es im Gegenteil stets als sehr erfrischend und konstruktiv empfunden, Probleme, die überwiegend blinde Menschen betreffen, mit visuell nicht eingeschränkten Bekannten und Freunden zu diskutieren.

Annahme 2: Blinde Menschen können nur blindenspezifische Tätigkeiten ausführen

Eine solche Behauptung kann heute von niemandem mehr ernsthaft vertreten werden. Die moderne Kommunikations- und Informationstechnologie macht es möglich, blinde Menschen in den unterschiedlichsten Bereichen einzusetzen. Es mag zunächst einen höheren Aufwand und eine intensivere Vorbereitung erfordern, aber heute ist es für blinde Menschen absolut möglich, qualitativ ebenso hochwertige Arbeiten auszuführen wie visuell nicht eingeschränkte Menschen. Geräte wie Braillezeile, Sprachausgabe, Telefon und Scanner ermöglichen dieses. Es sollte also nicht mehr notwendig sein, dass blinde Menschen nur Alibi-Jobs in paternalistischen Betrieben oder Blindenverbänden ausführen. Diese Gruppe von Menschen kann durchaus produktiv sein. Blinde Pastoren, Banker oder Bäcker brauchen keine Seltenheit mehr zu sein. Gleiches gilt für viele andere Bereiche.

Fazit:

Der Text benennt eigentlich Selbstverständlichkeiten, deren Erwähnung in der heutigen aufgeklärten Zeit überflüssig sein sollten.

Die Betroffenen selbst wissen um ihre Fähigkeiten und Schwächen. Sie sollten selbst die Kraft und den Mut haben, sich aus ihrer Schublade zu befreien. Hierzu fordere ich jeden Betroffenen auf.

In einer Schublade ist es zwar bequem, aber doch sehr, sehr eng.

Alle anderen Menschen sollten unvoreingenommen auf Menschen mit besonderen Merkmalen wie Rasse, Sprache, Kultur oder Handicap zugehen. Denn all dies ist unbedeutend, steht doch immer das Individuum mit seinen ganz persönlichen Fähigkeiten und Bedürfnissen im Vordergrund und nicht das Kollektivbild, das in der Öffentlichkeit von den Menschen einer Gruppe gezeichnet wird. Also ob es jetzt um behinderte Menschen, Geschlechterrollen oder bestimmte Berufsstände geht, sollte zunächst keine Rolle spielen. Denn ein jeder Mensch ist einzigartig und passt in keine Schublade. Daher sollte auch das Wort „Integration" in den gezeigten Fällen überflüssig sein[11].

---

[11] Dieser Blog erschien am 23. September 2013 auf der Internetseite des Autors; http://www.carsten-dethlefs.de/mensch-in-schublade. Er ist ein Ausschnitt aus dem 2010 von Carsten Dethlefs veröffentlichten Buch „Eine wirtschaftswissenschaftliche Betrachtung des Verhaltens von Zwangsgemeinschaften, positive und negative Wohlfahrtseffekte für deren Mitglieder. Yes, we can – auch! Umgang mit persönlichen Einschränkungen." Es steht als Printbook, und als Hörbuch zur Verfügung; einen Auszug daraus findet man auf youtube.com: „Der Mensch in der Schublade", http://www.youtube.com/watch?v=_xmbVTWEz1k.

Geboren, um zu leben? Oder gezeugt, um zu sterben?

Diese Woche geht es um Leben und Tod – und das ist keine Übertreibung! Dieses Thema treibt mich schon seit Jahren, vielleicht Jahrzehnten um. Auch hier stellt sich die Frage, ob nicht die eine oder andere Seite unter ihren Möglichkeiten bleibt.

ഇൗൟ

Wir waren geboren

um zu leben

für den einen Augenblick

an dem jeder von uns spürte

wie wertvoll Leben ist.

Unheilig

ഇൗൟ

Dieses Lied von der Gruppe „Unheilig" haben vermutlich schon viele Menschen mitgesungen. Doch wissen wir wirklich, wie wertvoll Leben tatsächlich ist? Eine Zahl von über 100.000 Abtreibungen pro Jahr in Deutschland spricht eine deutlich andere Sprache; und wie hoch die Dunkelziffer ist, weiß niemand.

Abtreibung ohne Fristen

Hinzu kommt, dass Schwangerschaften beim mutmaßlichen (!) Vorliegen einer Behinderung des Kindes praktisch fristenlos beendet werden können. Dieses gilt auch, wenn das Kind bereits lebensfähig wäre. Das Beispiel des so genannten Oldenburger Babys belegt dies.

Frauenrechtsbewegung erwirkte Legalisierung der Abtreibung

Wer bleibt hier unter seinen Möglichkeiten? Sind es die Kinder, die bei Früh- und Spätabtreibungen schutzlos am Weiterleben gehindert werden? Oder sind es die Eltern, die beim Austragen eines Kindes vermeintlich ein Stück ihrer eigenen Freiheit einbüßen? Der Meinung bin ich nicht!

Die Frauenrechtsbewegung in den 70er Jahren stellte eine krasse Ungerechtigkeit fest: Während Männer konsequenzenlos ihre Sexualität ausleben könnten, müssten Frauen stets auf die Verhütung einer Schwangerschaft achten. Dieses Argument führt in meinen Augen in eine Sackgasse. Bedeutet das Recht auf Abtreibung Freiheit? Auch Frauen standen und stehen vielfältige Arten der Verhütung offen. Und ein zu ausschweifendes Sexualleben mit vielen wechselnden Partnern – mutmaßlich eine andere Art von Freiheit – kann sowohl für Frauen, als auch für Männer gefährlich werden. So oder só sollten wir uns stets vor Augen halten, wie wertvoll Leben ist. Hiermit ist sowohl das eigene, als auch das der noch nicht geborenen Kinder gemeint. Dieses gilt insbesondere im Zeitalter der Babyklappen und der Möglichkeit einer anonymen Geburt[12].

---

[12] Dieser Blog erschien am 2. September 2013 auf der Internetseite des Autors, http://www.carsten-dethlefs.de/geboren-um-zu-leben-oder-gezeugt-um-zu-sterben

Die Bürgergesellschaft – ein Hilfsmittel, nicht unter seinen Möglichkeiten zu bleiben

Wenn man sich im Leben benachteiligt fühlt, ist es häufig schon fast ein Reflex, nach öffentlichen Geldern zu rufen. Diese Vorgehensweise hilft vor allem den gut organisierten Interessengruppen, die es verstehen, die Politik unter Druck zu setzen. Dann aber steht nicht unbedingt eine zielgerichtete Ausrichtung der Politik dahinter. Dass auf diese Art und Weise immer den tatsächlich Bedürftigen geholfen wird, ist ebenfalls mehr als fraglich.

Eine andere, wie ich finde, weitaus bessere Möglichkeit, nach Hilfe zu suchen, sind **Stiftungen**. Diese oftmals von privater Seite eingerichteten Instanzen fördern unterschiedlichste Dinge. Wenn man das nötige Kleingeld hat, kann man helfen, Dinge zu unterstützen, die man für wichtig hält. Wenn das nicht der Fall ist, kann man Projekte vorschlagen, die von einzelnen Stiftungen unterstützt werden können.

Wie reichhaltig und vielfältig die Stiftungslandschaft in Deutschland ist, können Sie auf den Seiten des **Bundesverbandes Deutscher Stiftungen e. V.** sehen. Also auch hier heißt es, nicht nach mehr Umverteilung durch die öffentliche Hand zu eifern, sondern Einrichtungen zu suchen, die dafür vorgesehen sind, dem Stiftungszweck entsprechende Dingen zu unterstützen. Man sollte die eingenommenen Steuergelder nicht der Willkür des Staates überlassen, sondern direkt an Stifter herantreten, denen einzelne Anliegen wichtig sind. Diese Vorgehensweise würde auch den bürokratischen Aufbau einer öffentlichen Verwaltung überflüssig machen und dem Wesen einer Bürgergesellschaft entsprechen[13].

---

[13] Dieser Blog erschien am 30. September 2013 auf der Internetseite des Autors, http://www.carsten-dethlefs.de/buergergesellschaft-hilfsmittel-nicht-seinen-moeglichkeiten-bleiben

Blinder US-Senator – sage niemand, dass so etwas nicht geht

Im Blog diese Woche möchte ich Ihnen Thomas Pryor Gore vorstellen. Er ist nicht nur ein Urahn des Vizepräsidenten unter Bill Clinton – Al Gore – sondern hat in seiner Zeit unter Beweis gestellt, wozu man es trotz Handicaps und ohne die Annehmlichkeiten des heutigen Komforts bringen kann.

Abbildung 5: Thomas Gore Foto: wikipedia, 1908, Autor unbekannt

Thomas Pryor Gore war der erste blinde US-Senator. Gore wurde bereits am 10. Dezember 1870 im heutigen Webster County (Mississippi) geboren. Gore erblindete nach einem Unfall im Alter von acht Jahren allmählich, bis er im Alter von elf Jahren vollkommen das Augenlicht verlor.

Trotz dieses Schicksalsschlages ging er weiter zur Schule. Freunde und Bekannte lasen ihm den Unterrichtsstoff laut vor. Nach Beendigung der Schule im Jahr 1890 hängte er noch zwei Jahre Lehrerausbildung dran, um anschließend Lehrer an einer öffentlichen Schule werden zu können. Während des Jahres 1891 studierte er in Tennessee noch Jura, um ab diesem Jahr eine Rechtsanwaltstätigkeit in Waltall aufnehmen zu können. Während seiner Schulzeit beschäftigte sich Gore bereits ausgiebig mit der politischen Ökonomie.

Schon 1891 wurde Gore für das Staatsparlament vorgeschlagen, musste seine Bewerbung aber aufgrund seines jungen Alters zurückziehen.

Dennoch wurde er ein sehr aktives Mitglied in der Populist Party und erwarb sich den Spitznamen „the blind orator". Als die Populist Party 1895 die Macht in Mississippi verlor, ging er nach Texas und führte dort seine Anwaltstätigkeit fort. Hier führte er auch seine politischen Aktivitäten weiter und kam 1899 mit der demokratischen Partei in Kontakt. Nachdem Gore im Jahr 1901 gemeinsam mit seiner Frau nach Oklahoma übersiedelte, diente er einige Jahre in der Bezirksverwaltung des Staates. So kam es auch, dass Gore, der an der neuen Staatsverfassung des Staates Oklahoma mitwirkte, im Jahr 1907 zu einem der ersten Senatoren des neu gebildeten Staates wurde. In seiner politischen Laufbahn kämpfte Gore vor allem gegen Machtkonzentrationen in der Wirtschaft und für den damaligen Präsidenten Wodrow Wilson, wenngleich Gore den Kriegseintritt der USA 1917 ablehnte. Im Jahr 1920 verlor er die Wiederwahl und zog sich als Anwalt ins Privatleben zurück. 1930 wurde er jedoch noch einmal ermuntert zu kandidieren und führte sein Amt auch bis 1937 fort. Da Gore jedoch in Opposition zur Politik des damaligen sehr populären Präsidenten Roosevelt stand, verlor er 1937 abermals die Wahl.

Er arbeitete bis zu seinem Tode im März 1949 als Anwalt in Washington. Was bleibt, sind seine Reden, die er mit Hilfe seiner Kollegen und der Familie vorbereitete. Diese lasen ihm aus Büchern seiner 50.000 Schriftstücke umfassenden Bibliothek vor (vgl. hier Gold 1976).

Dieses Beispiel sollte betroffenen Menschen Mut machen und zeigen, was möglich ist[14].

---

[14] Dieser Blog erschien am 7. Oktober 2013 auf der Internetseite des Autors, http://www.carsten-dethlefs.de/blinder-us-senator-sage-niemand-dass-so-etwas-nicht-geht

Stevie Wonder – jemand, der sicher nicht unter seinen Möglichkeiten geblieben ist!

In dieser Woche möchte ich Ihnen den Musiker Stevie Wonder vorstellen. Wenn man an ihn denkt, ist der erste Gedanke sicher nicht der, dass er blind ist.

Die Ursache für seine Blindheit

Stevie Wonder wurde am 13. Mai 1950 in Michigan in den USA geboren. Allerdings wurde er zu früh geboren und musste daher in den Inkubator. Wahrscheinlich rührt seine physische Blindheit von dieser Tatsache her. Eine Überdosierung des Sauerstoffs kann dieses durchaus bewirken.

Musikalischer Werdegang

Im Alter von vier Jahren zog Wonder mit seiner Familie nach Detroit, wo er im Kirchenchor sang. Bereits im Alter von neun Jahren spielte er Klavier, Mundharmonika und Schlagzeug. 1961 entdeckte ihn Ronnie White von "The Miracles". Dieser verhalf ihm zu einem Vorsingen beim Motown-Chef Berry Gordy, der ihn daraufhin unter Vertrag nahm. Bereits im Jahr 1962 konnte Wonder als 12jähriger so seine ersten Platten aufnehmen. Das Album „A Tribute to Uncle Ray" ist aus dieser Zeit als Beispiel hervorzuheben. Der ebenfalls erblindete Sänger Ray Charles steuerte einen Covertitel bei.

Abbildung 6: Stevie Wonder in Brasilien; Quelle: wikipedia, 2006, Antonio Cruz/ABr

Ein erster Erfolg stellte sich 1963 mit dem Titel „Fingertips, Part 2" ein, bei dem Stevie Wonder Mundharmonika spielte und sang. Das dazugehörige Album „The 12 Year Old Genius" wurde zu Motowns erster Nummer-Eins-LP.

Als Wonder im Alter von vierzehn Jahren in den Stimmbruch kam, studierte er klassisches Klavier an der Michigan School for the Blinds. Mit 18 begann Wonder erstmals größeren Einfluss auf die eigenen Kompositionen zu nehmen. Die Titel „For once in my life" und „My cherrie amour" landeten sowohl als Singles als auch als Alben weit oben in den Charts. 1971 endete sein Vertrag mit Motown und er gründete daraufhin sein eigenes Label „Black Bull Music". 1972 brachte er das Album „Talking Book" heraus, das mit den Songs „You are the sunshine of my life" und „Superstition" herausragende Soul- und Funknummern enthält. „Superstition" wird von vielen Keyboardern als Lehrstück für funkiges Clavinetspiel angesehen.

Im selben Jahr erschien auch das Album „Music of my mind", das er weitgehend im Alleingang einspielte, bis auf die Gitarre im Stück „Superwoman", gespielt von Buzz Feiten, und die Posaune im ersten Stück sowie den Backgroundgesang. Es folgten in den siebziger Jahren noch weitere Veröffentlichungen.

Gesellschaftliches Engagement

Zunehmend engagierte sich der blinde Künstler auch politisch und stritt für die Gleichberechtigung der Rassen. Auf seine Initiative hin wurde der Tag, an dem der Bürgerrechtler Martin Luther King ermordet wurde, amerikanischer Nationalfeiertag. Den Oscar, den er 1984 für den Song "I Just Called to Say I Love You" aus dem Film "Die Frau in Rot" bekam, widmete er dem Apartheitsopfer Nelson Mandela.

Auch wenn es anschließend ruhiger um Stevie Wonder wurde, so ist er doch immer noch präsent wie jüngst bei der Trauerfeier für Michael Jackson[15].

---

[15] Dieser Blog erschien am 21. Oktober 2013 auf der Internetseite des Autors, http://www.carsten-dethlefs.de/stevie-wonder-jemand-sicher-nicht-seinen-moeglichkeiten-geblieben-ist

Arbeitsmarkt in Europa: Mehr Bewegung – mehr Wohlstand

Der Arbeitsmarkt in Europa ist noch längst nicht flexibilisiert, schreibt Carsten Dethlefs. Weil die Besitzstandswahrer unter der Öffnung leiden würden. Doch eine Öffnung bringt Wohlstand und Freiheit.

Von Seiten der EU-Kommission kommt in zunehmender Schärfe die Forderung nach einer Beseitigung der letzten Reste des Protektionismus gegen Zuwanderung in den deutschen Arbeitsmarkt. Dieses scheint angesichts der demografischen Entwicklung hierzulande und des ohnehin bereits fast vollständig liberalisierten europäischen Arbeitsmarktes auch kein kontroverses Thema sein zu müssen.

So würde der Zuzug ausländischer Arbeitskräfte nach Schätzungen des zuständigen EU-Kommissars Laszlo Andor jährlich 100.000 bis 140.000 Personen betragen. Diese Zuwanderung könnte die Abnahme der Zahl arbeitsfähiger Personen in Deutschland bis 2020 von geschätzt 45 auf 41 Millionen teilweise kompensieren, was volkswirtschaftlich unbedingt wünschenswert wäre.

Doch befürchten viele besitzstandswahrende Bürger aus Deutschland den Verlust eigener Arbeitsplätze und den Wettbewerb um selbige, was die deutsche Politik sämtliche Möglichkeiten zur Beschränkung der Zuwanderung ausschöpfen lässt. Diese Instrumente sind zwar weniger geworden, besteht doch mittlerweile vollständige Freizügigkeit der Arbeit innerhalb Europas (die EU-Osterweiterungen aus den Jahren 2004 und 2007 sind hier als Vorläufer zu nennen). Möglichkeiten der Eingrenzung bestehen dennoch: sei es durch die Pflicht zur Vorlage von Arbeitserlaubnissen oder durch die Festsetzung eines gesetzlich fixierten Mindestlohnes, der den Preis der anzubietenden Arbeit übersteigt und daher eine Eintrittsbarriere darstellt.

Was würde die vollständige Öffnung des deutschen Arbeitsmarktes im Hinblick für die Zukunftsfähigkeit Deutschlands bedeuten?

Zunächst ist zu bemerken, dass man beim deutschen Arbeitsmarkt kaum von einem Markt im Sinne eines ungehinderten Aufeinandertreffens von Angebot und Nachfrage sprechen kann. Die aktuellen Planungen im Bereich des Mindestlohns verstärken diesen Eindruck noch.

Zudem ermahnte beispielsweise der europäische Kommissar für Beschäftigung, Soziales und Integration – Laszlo Andor – Deutschland, hierzulande auch Rumänen und Bulgaren ohne eine spezielle Arbeitserlaubnis arbeiten zu lassen, was derzeit noch nicht der Fall ist. Diese Forderung ist aus meiner Sicht vorbehaltlos zu unterstützen. Ansonsten könnte aus dem zu erwartenden Europa der zwei Geschwindigkeiten schnell ein Europa der zwei Klassen werden.

Würde es sich bei der Migration um Waren handeln, müsste man wohl von nicht-tarifären Handelshemmnissen sprechen. Doch sind diese ebenso unsinnig wie die Forderung nach speziellen Arbeitserlaubnissen für die Bürgerinnen und Bürger einzelner Staaten, über die die Zuwanderung innerhalb Europas gesteuert werden könnte.

Aus der Sicht einzelner Interessensverbände, wie beispielsweise den Gewerkschaften, ist die Forderung nach einer Begrenzung der Zuwanderung wohl nachvollziehbar, profitieren sie doch von der Knappheit der Arbeitskräfte, um als deren Interessenvertretung ihre speziellen Forderungen umso besser durchsetzen zu können. Mit einer gesamteuropäischen Idee hat das freilich nichts zu tun, in der man lieber die Schulden harmonisiert als von der Leistungsfähigkeit der Menschen gemeinsam zu profitieren.

Abbildung 7: Diese Abbildung ist ein Screenshot von google Maps mit dem Stichwort "Europa"

Zwar könnte theoretisch der Abfluss qualifizierter Arbeitskräfte aus den osteuropäischen Staaten diese in ihrer Entwicklung hemmen. Doch zeigt die bisherige Erfahrung, dass die Zuwanderung aus Staaten, für deren Arbeitskräfte hierzulande keine Beschränkungen bestehen, nicht so ausgeprägt ist, wie man es erwartet hatte.

Darüber hinaus muss die Wanderung von Arbeitskräften keine Einbahnstraße sein. Gerade der Abzug von Landwirten aus Deutschland in die osteuropäischen Gebiete, in denen die zu bewirtschaftenden Flächen größer sind und somit ein willkommenes Betätigungsfeld für Landwirte bieten, sind hier zu nennen.

Im Gegenzug sind gerade Arbeitskräfte im Bereich der Pflege für die deutsche Volkswirtschaft wichtig, um die überalternde deutsche Bevölkerung zu unterstützen. So wird prognostiziert, dass die Zahl der an Demenz erkrankten Personen von derzeit 1,3 Millionen in Deutschland auf 2,6 Millionen Menschen im Jahr 2050 ansteigt[16].

---

[16] Dieser Blog-Beitrag erschien am 15. Juni 2012 auf den Internetseiten der „Initiative Neue Soziale Marktwirtschaft" (INSM); http://blog.insm.de/3350-arbeitsmarkt-in-europa-mehr-bewegung-mehr-wohlstand/

Vorschläge für die bessere und effizientere Nutzung natürlicher Ressourcen

Gut ein Jahr nach der Reaktorkatastrophe von Fukushima realisiert die deutsche Politik langsam, in welch ein Abenteuer sie sich mit dem vollständigen Ausstieg aus der Atomenergie gestürzt hat. War es wirklich notwendig? Oder war der Vater des Gedankens nur die Angst der Politiker, die sich bei Wahlen einer von Panik paralysierten Bevölkerung gegenübersahen.

Ökologisch jedenfalls ist der vollständige Aus- und Umstieg auf regenerative Energien fraglich. Wenn die Zahl der Emissionsrechte nämlich gleich groß bleibt und die sinkende Nachfrage nach diesen Rechten den Preis für diese Zertifikate senkt, können andere Staaten viel mehr an schädlichen Stoffen emittieren: „Der Nettoeffekt für Europa und die Welt ist null Komma null, weil die Zertifikate, die die deutschen Betreiber nicht mehr benötigen, auf dem europäischen Markt landen. Sie senken dort den Preis für Zertifikate und veranlassen die anderen europäischen Unternehmen, bei ihren Anstrengungen zur Verminderung der CO2-Emissionen innezuhalten", schreibt Hans-Werner Sinn in"Das grüne Paradoxon".

Wenn man sich überlegt, dass Wind und Wetter nicht vor Ländergrenzen halt machen, scheint diese Aktion also noch nicht einmal für Deutschland eine größere Sicherheit zu bringen.

Aber nun ist es, wie es ist: Der Ausstieg ist beschlossen und einige findige Unternehmer finden sogar Gefallen daran, wenn sie beispielsweise Grund und Boden besitzen, auf denen Windräder errichtet werden oder anderweitig Subventionen einstreichen können. Doch nach dem Abklingen der Fukushima-Panik scheint es Teilen der deutschen Bevölkerung auch nicht Recht zu sein, wenn die Atomkraft durch regenerative Energie ersetzt wird, realisiert man doch, dass Leitungen benötigt werden, um die Energie von einem Ort zum anderen zu befördern. Bundesländer wie Schleswig-Holstein wären heutzutage schon fast in der Lage, die Atomkraft durch den frischen Wind an der Küste vollständig zu substituieren. Doch müssen bereits regenerativ erzeugte Strom-Mengen ungenutzt bleiben, weil die Leitungen für deren Transport in den Süden fehlen. Vor diesem Hintergrund befasst sich der vorliegende Beitrag mit Möglichkeiten zur schnelleren und besseren Umsetzung des Leitungsausbaus in der Bundesrepublik.

Wie lassen sich also Leitungen durch die unterschiedlichsten Gebiete der Bundesrepublik errichten, um den natürlichen Schatz des Windes schnell und effektiv zu nutzen? Zunächst ist die Frage zu stellen, ob es sich um geerdete Kabel oder Überland-Leitungen handelt. Die geerdeten

Abbildung 8: Foto von privat

Kabel würden sicher eine größere Akzeptanz bei der Bevölkerung finden, wären aber auch gleichzeitig um einiges teurer. Diesen Konflikt könnte man umgehen, indem man die Bevölkerung am Ausbau des Leitungsnetzes wie bei einer Genossenschaft beteiligt, wie es auch bereits bei vielen Windmühlen oder ganzen Windparks geschehen ist. Dieses Modell würde dann die Menschen betreffen, die entlang einer Leitungstrasse wohnen und sich eventuell durch diese gestört fühlen könnten.

Gleiches gilt im Übrigen auch für Unternehmen, die nicht auf den langsamen Entscheidungsgang der Politik warten wollen und in den Startlöchern stehen, um den Netzausbau voranzutreiben. Hier berichtet die Financial Times – dass einige Unternehmen bereits selbst in den Netzausbau eingreifen. Allerdings setzt ein solches Vorgehen dann zumindest die Rückendeckung der Politik voraus.

Die Einbindung der Bürger bei der Umsetzung von Großprojekten und die damit verbundene geringere „Wutbürgerlichkeit" wird Deutschland auch im Vergleich mit anderen Staaten, die eine hoheitlichere Führungsstruktur besitzen, ökonomisch konkurrenzfähiger machen. Die Demokratie darf niemals als entwicklungshemmend wahrgenommen werden. Hinsichtlich der Löhne und Produktionskosten wird man die Schwellenländer, die bereits als Wettbewerber auf dem Weltmarkt agieren, kaum überholen können, was auch nicht anzustreben ist. In Bezug auf die Investitionsfreudigkeit sollte es aber auf diesem Wege funktionieren. Es kommt noch hinzu, dass Großanlagen nur schwer aus weit entfernten Entwicklungs- und Schwellenländern nach Deutschland transportiert werden können, was die Konkurrenz auf dem Windanlagenmarkt zusätzlich abschwächt.

Ein Problem stellt der weltweite Wettbewerb auch lediglich kurzfristig dar: Langfristig ist ein globaler Wettbewerb als „Entdeckungsverfahren", wie es Friedrich August von Hayek formuliert, begrüßenswert. Dieser darf nur nicht zu Lasten der Qualität gehen und muss eine gewisse Symmetrie bewahren. Resümierend bleibt also festzustellen, dass niemand daran interessiert sein sollte, der Umwelt zu schaden. Der Weg, um die Umwelt zu schützen, war umstritten und wird es immer bleiben. Momentan stehen die regenerativen Energien als Rezept auf der Agenda. Diese zu fördern, wird ein Gemeinschaftswerk sein, an dem alle mitwirken können und sollen. Dieses kann am besten über eine finanzielle Bürgerbeteiligung erfolgen, wie sie hier geschildert wurde. Denn auf diesem Wege wird das Kapital breit gestreut und das Risiko und der Ertrag in ein vernünftiges Verhältnis gesetzt. Solche Verfahren stärken zugleich die Demokratie und können gegenüber China und anderen autoritär regierten Staaten obsiegen[17].

---

[17] Dieser Blog-Beitrag erschien am 11. Mai 2012 auf den Internetseiten der „Initiative Neue Soziale Marktwirtschaft" (INSM); http://blog.insm.de/2902-vorschlage-fur-die-bessere-und-effizientere-nutzung-naturlicher-ressourcen/

Ein Land, das zu oft unter seinen Möglichkeiten bleibt

Im Blog diese Woche geht es um eine Gegend, die bereits seit Jahren – wenn nicht sogar seit Jahrzehnten – unter ihren Möglichkeiten bleibt: Es geht um meine Heimat Schleswig-Holstein[18].

Abbildung 9: Schleswig-Holstein.
Bilder: Wikipedia (2004, Frank Jäger; 2006, Peng); privat

Die Infrastruktur hier im Land ist seit jeher einer der wichtigsten Standortfaktoren. Straßen, Brücken und Schienen verbinden nicht nur die einzelnen Landesteile miteinander. Sie schaffen auch den Anschluss an die Metropolregion Hamburg und an Dänemark. Die Verkehrsinfrastruktur ist für Touristen – der Haupteinnahmequelle des Landes – zudem immens wichtig, um diese schöne Gegend entsprechend bereisen zu können. Ein äußerst wichtiges Infrastrukturprojekt – die A 20 – wurde nun vorerst gestoppt. Umweltschützer klagten vor dem Bundesverwaltungsgericht, weil sie die Kalkberghöhlen und die in ihnen lebenden Fledermäuse gefährdet sahen. Sie bekamen Recht.

So schützenswert diese Geschöpfe auch sind, so wichtig ist jedoch auch die Verkehrsinfrastruktur in einem Flächenland. Ob der Weiterbau der A 20 überhaupt negative Auswirkungen auf die Natur haben würde, ist

---

[18] Dieser Blog erschien am 11. November 2013 auf der Internetseite des Autors, http://www.carsten-dethlefs.de/land-oft-seinen-moeglichkeiten-bleibt

dabei höchst fraglich und keinesfalls bewiesen. Bewiesen ist hingegen, dass eine große Verzögerung des Ausbaus der Autobahn nicht nur ein schlechtes Bild auf Schleswig-Holstein als Investitionsstandort wirft, sondern die Menschen es weiterhin unnötig schwer haben, in diesem schönen Land in Teilen schnell voranzukommen. Der Tourismus, die Logistikbranche, Pendler und viele mehr werden diese höchstrichterliche Entscheidung bedauern.

Dennoch hilft Jammern nicht weiter. Ein Grund, warum viele Menschen unter ihren Möglichkeiten bleiben, besteht nämlich gerade darin, schnell zu resignieren. Dieser Blog spricht sich ganz klar für ein pragmatisches Neben- und Miteinander von Ökonomie und Ökologie und gegen Verzweiflung aus. Kreativität im Umgang mit Schwierigkeiten ist jetzt gefragt. So würden wohl auch Fledermäuse handeln. Aber sie wurden ja gar nicht erst gefragt. Vielleicht wären sie ja umgezogen…

Das Salz des Nordens – neue Ideen für unser Land

Die beste Möglichkeit, nicht unter seinen Möglichkeiten zu bleiben, ist unternehmerisches Denken und Handeln. Wie so etwas gehen kann, zeigt **der zwei-Sterne-Koch Alexandro Pape in List auf Sylt**. Er wollte nämlich schon immer etwas machen, was sonst niemand gemacht hat. Er gewinnt mit seiner Sylter Meersalzmanufaktur **Salz direkt aus der Nordsee** – findet also für bestehende Ressourcen ganz neue Verwendungsmöglichkeiten.

Sylter Meersalz…

Abbildung 10: Sylter Meersalz; Foto von Thies Rätzke, 2013

Die Produktion lief am 15. Oktober 2013 an. Das Salz wird in einer eigens für diesen Zweck in Kooperation mit dem Kieler Unternehmen Terrawater angefertigten Anlage bei einer Temperatur von 80 Grad vom Wasser geschieden. Bei dieser Temperatur werden Schadstoffe beseitigt, die Nährstoffe jedoch unbeschadet übernommen. So entsteht das reinste Meersalz, das durch seine Konsistenz und seinen Geschmack eine ganz eigene Note prägt.

Dieses Salz wird seit diesem Jahr auch in grober und feiner Form im Internet zum Verkauf angeboten. In ausgewählten Fachgeschäften kann man dieses Salz ebenfalls (in Kürze) erwerben.

Abbildung 11: Sylter Meersalz in silberner Auster; Foto von Thies Rätzke, 2013

Was in südlichen Ländern schon länger durch die Hilfe von Sonne und Wind möglich ist, ist jetzt demnach auch an der rauen Nordsee geschafft. Die Tagesproduktion liegt momentan bei etwa 70 KG.

… und norddeutsches Bier

Doch damit nicht genug: Das übriggebliebene Meerwasser wird ebenfalls nicht vergessen. Wie Studenten der Fachhochschule Flensburg gezeigt haben, ist es sogar möglich, aus Meerwasser Bier zu brauen.

Mich fasziniert immer wieder, welch Ideenreichtum und Innovationskraft in einer Region stecken, die von vielen Menschen nur als Erholungsgebiet oder Altersheim bezeichnet wird.

Möge diese Manufaktur ein Mut machendes Beispiel für viele andere Personen sein[19].

---

[19] Dieser Blog erschien am 2. Dezember 2013 auf der Internetseite des Autors, http://www.carsten-dethlefs.de/das-salz-des-nordens-neue-ideen-fuer-unser-land

Evgen Bavcar, der blinde Fotograf – kann es denn so etwas geben?

> *Auch ein Blinder hat visuelle Anlagen, optische Bedürfnisse. Wie jemand, der sich in einem dunklen Raum nach Licht sehnt. Aus dieser Sehnsucht heraus fotografiere ich.*
>
> Evgen Bavcar

Evgen Bavcar wurde 1946 in Locavek, dem heutigen Slowenien geboren. Im Alter von elf Jahren verlor er durch zwei, kurz aufeinander folgende Unfälle sein Augenlicht. Daraufhin besuchte er die Schule am Blindeninstitut in Ljubljana und das Gymnasium in Nova Gorica. An der Universität in Ljubljana studierte Bavcar Geschichte und Philosophie. 1972 erhielt er dort sein Diplom. Im Anschluss daran promovierte er in Ästhetik und Philosophie an der Sorbone in Paris. Diese Promotion schloss er 1976 ab. In Paris begann der promovierte Philosoph sodann auch seine Fotografenkarriere.

Walter Aue verfasste viele Essays und Berichte über den blinden Bildermacher. Dort wird beschrieben, dass Freunde ihm berichten müssen, was auf den Kontaktabzügen zu erkennen ist. Zudem orientiert sich Bavcar an Geräuschen und richtet daraufhin seine Kamera spontan aus. Den Bildern Bavcars sei eine jungfräuliche Unverdorbenheit eigen, die man künstlich nicht herstellen könne, so berichtet Aue.

Die Vorgehensweise beim Fotografieren erläutert Kai Müller, der Verfasser eines Artikels über ihn, wie folgt: „Was Bavcars Interesse weckt, sind Geräusche, das lahme Schleifen eines Pappkartons, den ein alter Mann über den Bürgersteig zieht, das flatternde Rauschen aufsteigender Tauben, ein vorüberfahrendes Auto. Er hält die Kamera in die ungefähre Richtung und drückt auf den Auslöser. Das sei eine ungeheure Provokation, dass ein Blinder andere das Sehen lehre. Eine Provokation, die auch dem selbst erklärten Fährtensucher Aue keine Ruhe ließ, als er von Bavcars Wirken durch eine Zeitungsnotiz erfuhr. Mittlerweile hat er Dutzende Essays über den weltberühmten Fotografen veröffentlicht, dessen Frage "Was siehst du?" ihn immer wieder zur Auseinandersetzung angeregt hat." (Kai Müller in: Der Tagesspiegel vom 2. Dezember 2002) [20].

Wer sich noch näher mit Bavcar beschäftigen möchte,

dem sei das folgende Buch ans Herz gelegt:

„Am Ende des Lichts – Die Bilder

des blinden Fotografen Evgen Bavcar

mit Essays von Walter Aue",

ca. 200 Seiten; ISBN 3-933149-23-1.

Lohnenswert ist auch ein Ausflug

auf die Homepage des Künstlers.

---

[20] Dieser Blog erschien am 18. November 2013 auf der Internetseite des Autors, http://www.carsten-dethlefs.de/evgen-bavcar-der-blinde-fotograf-kann-es-denn-etwas-geben

Mit den Ohren sehen

Das subjektive Erleben der Welt ist besonders schwer zu erforschen und zu beschreiben, wenn es um sinnliche Wahrnehmungen geht, die nur einigen wenigen Menschen zugänglich sind. Unter solch simultane Wahrnehmungen fällt das sog. Farbenhören oder Tönesehen. Mit der Weiterentwicklung der neurobiologischen Forschung gibt es mittlerweile bereits einige Ansätze, die solche Phänomene, wie sie beispielsweise von dem Komponisten Alexander Skrjabin und dem Maler Wassily Kandinsky berichtet werden, erklären.

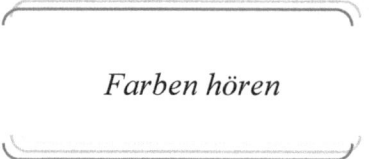

Farben hören

Diese Personen sind Synästhetiker

Als Synästhetiker werden Personen bezeichnet, die bei sich selber Wahrnehmungsqualitäten entdecken, an denen meist zwei Sinnesmodalitäten beteiligt sind, für die es aber keinen entsprechenden physikalischen Stimulus gibt. So ist es beispielsweise einigen blinden Menschen gegeben, durch akustische Signale Farben zu empfinden (vgl. Behne: „Synästhesie: die Verknüpfung der Sinne" in: „Handbuch der Musikpsychologie" 2007).

Töne sehen

Auch – aber nicht nur – hierdurch wird die Welt für blinde Menschen bunt[21].

---

[21] Dieser Blog erschien am 9. Dezember 2013 auf der Internetseite des Autors, http://www.carsten-dethlefs.de/mit-den-ohren-sehen.

„Yes, she can" auch!

Über die letzten Wochen habe ich immer mal wieder blinde Berühmtheiten vorgestellt – so zum Beispiel Thomas Pryor Gore, Stevie Wonder oder Evgen Bavcar. All diese Menschen habe ich auch in meinem Buch „Yes, we can auch!" vorgestellt. Auszugsweise kann man sich das Buch auch auf youtube anhören und anschauen[22]. Sie alle haben gezeigt, dass es nicht zwingend notwendig ist, als Mensch mit einer Behinderung unter seinen eigentlichen Möglichkeiten zu bleiben.

Es fällt allerdings auf – und hierfür entschuldige ich mich – dass ich nur Männer ausgewählt habe. Natürlich gibt es auch behinderte Frauen, die auf unterschiedlichsten Gebieten viel geleistet haben[23].

So zum Beispiel **die taub-blinde Helen Keller.** Diese Dame verdient wirklich meinen allergrößten Respekt! Wenn man sich einmal vorstellt, nichts mehr hören und nichts mehr sehen zu können, wird zumindest mir angst und bange.

Helen Keller verlor ihr Hör- und Sehvermögen im frühen Kindesalter wegen einer Gehirnhautentzündung. Aber sie hatte in ihrem späteren Leben sogar noch den Mumm, Bücher zu schreiben und beratend tätig zu sein.

---

[22] Das von Carsten Dethlefs veröffentlichte Buch erschien 2010: „Eine wirtschaftswissenschaftliche Betrachtung des Verhaltens von Zwangsgemeinschaften, positive und negative Wohlfahrtseffekte für deren Mitglieder. Yes, we can – auch! Umgang mit persönlichen Einschränkungen." Es steht als Printbook, und als Hörbuch zur Verfügung; Auszüge daraus findet man auf youtube.com:
- „"yes, we can", auch": http://www.youtube.com/watch?v=x1nloICsvlc
- „Der Mensch in der Schublade", http://www.youtube.com/watch?v=_xmbVTWEz1k und
- „Gehört die Zukunft behinderter Menschen auf den Müll?": http://www.youtube.com/watch?v=RcLA80j_SjM.

[23] Dieser Blog erschien am 25. November 2013 auf der Internetseite des Autors, http://www.carsten-dethlefs.de/yes-can-auch

Abbildung 12: Hellen Keller holding doll with Anne Sullivan 1888; Quelle: wikipedia, 1888, Source: NWI.com Multimedia. AP Photo/Courtesy of the Thaxter P. Spencer Collection, R. Stanton Avery Special Collections, New England Historic Genealogical Society-Boston

Ihre Blindenlehrerin Anne Sullivan entwickelte gemeinsam mit ihr das Fingeralphabet für Gehörlose. Wenn Keller einen Gegenstand berührte, erklärte Sullivan diesen Begriff durch das Berühren/Buchstabieren auf der Handfläche. So entstand bald eine Verbindung zwischen den Berührungen und einzelnen Buchstaben bei Helen. Später wurde auch sie – ähnlich wie

Thomas Pryor Gore - politisch aktiv – nämlich in der sozialistischen Partei Amerikas.

Natürlich hat sie – wie die anderen hier vorgestellten Personen auch – das Glück gehabt, zur richtigen Zeit an die richtigen Leute gekommen zu sein. Aber soviel Glück braucht es vielleicht bald nicht mehr, nämlich genau dann, wenn wir alle begreifen, dass eigentlich nichts unmöglich ist und wir uns im Rahmen unserer Möglichkeiten um andere Menschen bemühen und ihnen in einigen Situationen hilfreich zur Verfügung stehen. So hilft man diesen Menschen, nicht unter ihren Möglichkeiten zu bleiben.

Packen wir es an! Es gibt nichts Gutes, außer man tut es!

Lasst uns zeigen, was wir können!

In den letzten Tagen ist mir eine Idee gekommen. Diese Website will Mut machen und aufklären, damit Menschen mit einem Handicap am gesellschaftlichen Leben und der Arbeitswelt umfassender teilnehmen können. Wäre es hier nicht eine Idee, einen Jobpool einzurichten, bei dem sich Unternehmen präsentieren können, die bereit sind, Menschen mit einer körperlichen Behinderung einzustellen? Gleichzeitig sollen sich Menschen präsentieren können, die auf der Suche nach Arbeit sind.

Ich habe die Idee wie folgt formuliert:

„Bleibe nicht unter Deinen Möglichkeiten"

Ich weiß selbst, wie es ist, wenn die Fähigkeiten von Menschen mit einer Behinderung in der Öffentlichkeit nicht ernst genommen werden. Dieses gilt – auch in Zeiten von Fachkräftemangel - insbesondere bei der Suche nach einem angemessenen Arbeitsplatz.

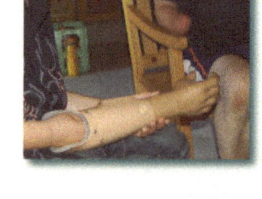

Um jedem Menschen Mut zu machen und über die Leistungsfähigkeit behinderter Personen aufzuklären, habe ich meine Website ins Leben gerufen, die das Motto **„Bleibe nicht unter Deinen Möglichkeiten"** in die Welt hinausträgt. Doch soll diese Website nicht nur meinen Lebensweg aufzeigen und in meinem Blog zur Diskussion über einige Themen anregen. Meine Idee ist, Unternehmen vorzustellen, die es sich vorstellen können, körperlich behinderte Personen zu beschäftigen. Unterstützung von unterschiedlichen Trägern gibt es hier nämlich genug. Auf diese Art und Weise soll ein Pool entstehen, in den Menschen mit Handicap vermittelt werden können.

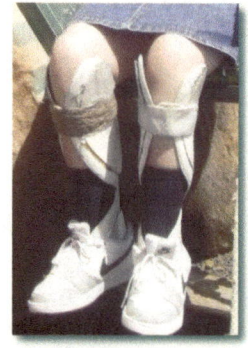

Diese Aktion startet in Dithmarschen, soll aber bundesweit weitergeführt werden. Hierbei muss es auch nicht bei einer ehrenamtlichen Tätigkeit bleiben. Ich suche nämlich selbst noch nach dem richti-

gen Weg für meine berufliche Zukunft.

Es ist geplant, sowohl eine kostenlose Basismitgliedschaft anzubieten, als auch eine kostenpflichtige Premium-Mitgliedschaft. Diese Premium-Mitgliedschaft beinhaltet Beratungsleistungen sowie die Möglichkeit zur ausführlicheren Präsentation der eigenen Leistungen/Fähigkeiten. Bereits jetzt können sich Unternehmen bei mir melden, die in diesem Zusammenhang vorgestellt werden möchten[24].

Auch die Dithmarscher Landeszeitung hat am 6. Dezember 2013 bereits darüber berichtet:

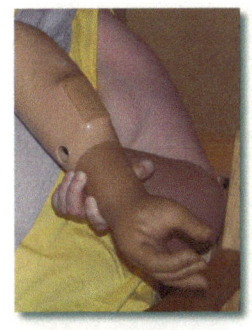

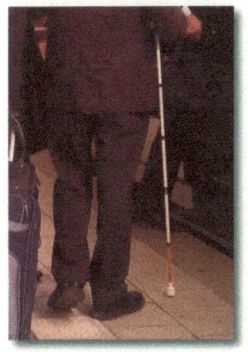

Abbildung 13:
Fotos von privat

---

[24] Dieser Blog erschien am 4. Dezember 2013 auf der Internetseite des Autors, http://www.carsten-dethlefs.de/lasst-uns-zeigen-wir-koennen

Arbeitsplatz für Menschen mit Behinderung

Von Dr. Carsten Dethlefs

Dithmarschen — Wirtschaftswissenschaftler Dr. Carsten Dethlefs weiß wie es ist, wenn die Fähigkeiten von Menschen mit Behinderung in der Öffentlichkeit nicht ernst genommen werden. Das gelte — auch in Zeiten von Fachkräftemangel — insbesondere bei der Suche nach einem angemessenen Arbeitsplatz.

Um Menschen Mut zu machen und über die Leistungsfähigkeit behinderter Personen aufzuklären, hat er eine Internetseite ins Leben gerufen: carsten-dethlefs.de. Das Motto heißt: Bleibe nicht unter deinen Möglichkeiten. Die Präsenz zeigt den Lebensweg des Ökonomen auf und regt in einem Blog zur Diskussion an. Dethlefs hat sich vorgenommen, Unternehmen vorzustellen, die sich vorstellen können, körperlich behinderte Personen zu beschäftigen. Unterstützung von unterschiedlichen Trägern gebe es genug. Die Aktion startet in Dithmarschen, soll aber bundesweit weitergeführt werden.

Abbildung 14: Dithmarscher Landeszeitung vom 6. Dezember 2013

AspIT – eine Möglichkeit für Menschen mit Asperger-Syndrom, nicht unter ihren Möglichkeiten zu bleiben

Bei AspIT handelt es sich um eine IT-Berufsausbildungsstätte für Jugendliche mit Asperger-Syndrom. Diese haben häufig besondere Bedürfnisse. Nachdem die Jugendlichen die Schule beendet haben, werden sie bei AspIT im IT-Bereich ausgebildet. Dort wird auf die individuellen Fähigkeiten und Anforderungen der Betroffenen eingegangen.

Schwierigkeiten im allgemeinen Ausbildungssystem...

Jugendliche mit Asperger-Syndrom haben es im allgemeinen Ausbildungssystem häufig schwer. Aufgrund fehlender Bildungsalternativen im traditionellen Ausbildungssystem ist es schwierig, für diese Zielgruppe Ausbildungspläne zu schaffen. Die bei AspIT aufgenommenen Jugendlichen haben alle das Asperger-Syndrom und sind häufig nicht in der Lage, die allgemeine Hochschulreife zu bestehen. Aufgrund ihrer besonderen Bedürfnisse ist es sehr schwierig und nicht immer wahrscheinlich, dass sie im allgemeinen Ausbildungssystem aufgenommen werden und das normale Abitur machen können.

Aber auch diese Menschen können etwas leisten!

... aber besondere Qualifikation für den IT-Bereich

AspIT

Ein neues Wort, entstanden aus der Zusammenziehung von „Aspie" und „IT"; Aspie bezeichnet Personen mit Asperger-Syndrom.

Nach zwei Jahren bei AspIT haben die Schüler – laut der Website von Aspit – nachvollziehbare und individuelle IT-Fähigkeiten. Diese ermöglichen es ihnen, konkrete Aufgaben für Unternehmen zu lösen, ein Praktikum durchzuführen und am Unterricht auf hohem IT-Niveau teilzunehmen.

So schreiben bspw. in den Referenzen *Marianne Assenholt, QA Managerin bei LEGO – Online Communications:* "Bei Lego.com hatten wir einen AspIT-Praktikanten als QA-Tester und für uns war das ein sehr positives und angenehmes Erlebnis. Der Praktikant war sehr aufmerksam gegenüber Einzelheiten, ausdauernd und perfektionistisch – drei sehr wichtige Eigenschaften beim Web- und Software testen. Es wurde uns deutlich, dass er wie viele andere mit Asperger-Syndrom die **außergewöhnliche Eigenschaft besitzt, bei Routineaufgaben nicht zu ermüden**...” oder *Anders Quist Pedersen, der als IT-Leiter bei Bygteq IT* arbeitet und bereits zwei AspIT-Praktikanten beschäftigt hat: “Alle Aufgaben wurden mit **größtem Fleiß** und **sorgfältig** gelöst und die Qualität nach der Vollendung **überstieg oft unsere Erwartungen** sowie die Standards unserer normalen festangestellten Mitarbeiter. Die **ganz besondere Fähigkeit der beiden AspIT-Schüler, immer fokussiert zu sein – egal wie kompliziert oder mühsam die Aufgabe auch sei**, ist unübertroffen und war einzigartig und von hohem Wert für uns. Besonders in den Gebieten Softwaretests, Dokumentation von Testresultaten und Installationsaufgaben haben wir bei Bygteq viel Vergnügen mit den Kompetenzen der Praktikanten gehabt.”

Ich finde es absolut lobenswert, dass auch Menschen mit diesem Handicap nicht am Rande der Gesellschaft liegen gelassen werden. Auch diese Personen können nämlich etwas für die Gesellschaft tun[25].

---

[25] Dieser Blog erschien am 6. Januar 2014 auf der Internetseite des Autors, http://www.carsten-dethlefs.de/aspit-eine-moeglichkeit-fuer-menschen-mit-asperger-syndrom-nicht-unter-ihren-moeglichkeiten-zu-bleiben

Wie die Bürgergesellschaft bei der Arbeitssuche helfen kann

Dieses Projekt fasziniert mich. Das Patenmodell (www.Patenmodell.de) ist eine Initiative des Diakonischen Werks Berlin-Brandenburg-schlesische Oberlausitz.

Bei dieser Aktion können sich beruflich erfahrene Menschen in den unterschiedlichsten Regionen als Paten registrieren, um Menschen aus ihrer unmittelbaren Umgebung ehrenamtlich bei dem Einstieg oder Wiedereinstieg ins Arbeitsleben zu unterstützen. Auch Kooperationen zwischen Unternehmen und Arbeit suchenden Menschen werden angestrebt. Hiervon können sowohl Unternehmen, die Schwierigkeiten haben Auszubildende zu finden, als auch die Arbeit suchenden Personen selbst profitieren.

> *Die Bürgergesellschaft:*
> *Jeder kann etwas zum Gelingen des Gemeinwohls beitragen.*

Das entspricht ganz und gar dem Ideal der Bürgergesellschaft, bei dem nicht der Staat für das Wohl der Menschen verantwortlich ist, sondern **die Menschen füreinander da sind**.

Ich habe schon an unterschiedlichster Stelle geschrieben und gesagt, dass in einer freiheitlichen Gesellschaft niemand zur Gänze stark oder schwach ist (vgl. S. 17). Jeder kann etwas zum Gelingen des Gemeinwohls beitragen. So ist es ja auch vorstellbar, dass **ein Mensch, der einst von einem Paten Hilfe erhalten hat, später einmal selbst Pate wird**. Durch Umgehung jeglicher Bürokratie kann Menschen auf diese Art und Weise geholfen werden[26].

---

[26] Dieser Blog erschien am 23. Dezember 2013 auf der Internetseite des Autors, http://www.carsten-dethlefs.de/wie-die-buergergesellschaft-bei-der-arbeitssuche-helfen-kann

Crowdfunding – auch eine Option, nicht unter seinen Möglichkeiten zu bleiben

Die Zinsen sind niedrig wie nie, dennoch ist es nicht leicht, für bestimmte Projekte Geld von den Banken zu bekommen. Daher möchte ich Ihnen im heutigen Blog das Crowdfunding (Schwarmfinanzierung) vorstellen, bei dem man jenseits von Banken bestimmte Projekte finanzieren bzw. finanzieren lassen kann. Der Sinn dahinter ist, dass man in „freier Wildbahn" Personen von seiner Idee überzeugen und mit ihnen Finanzierungskonditionen aushandeln kann. Dieses geschieht überwiegend im Internet.

Kennen Sie den Fernsehfilm zur Fernseh-Serie

Stromberg?

Auch er wurde auf diese Art der Finanzierung realisiert.

Eine Übersicht über Crowdfunding-Plattformen hat beispielsweise Leander Wattig auf seiner Homepage zusammengestellt[27]

So kann eine Geschäftsidee auch gleich auf ihre Marktreife überprüft werden. Findet man nämlich keine Investoren, wird man mit großer Wahrscheinlichkeit auch Schwierigkeiten haben, die angebotene Leistung abzusetzen.

Es gibt also viele Wege, nicht unter seinen Möglichkeiten zu bleiben. Wir müssen sie nur nutzen[28].

---

[27]   http://leanderwattig.de/index.php/2010/10/22/liste-mit-crowdfunding-plattformen-wer-kennt-noch-andere/

[28] Dieser Blog erschien am 28. Oktober 2013 auf der Internetseite des Autors, http://www.carsten-dethlefs.de/crowdfunding-auch-option-nicht-seinen-moeglichkeiten-bleiben

Wie ich Ihnen helfen kann

Friedrich August von Hayek kritisierte vor allem die „Anmaßung von Wissen". Auch ich möchte mir nicht anmaßen, dass ich die Gesamtheit der Maßnahmen kenne, die zur Eingliederung behinderter Menschen ins Berufsleben vorteilhaft sind. Aber ich weiß zumindest, wo ich fragen kann - und auf Wunsch für Sie fragen werde. Das geht dann viel einfacher, als wenn man sich selbst in den bürokratischen Dschungel begeben muss. Mein Ziel ist es, ein Makler für Sie zu sein[29].

Zu den gemeinten Anlaufstellen gehört beispielsweise das **Theodor-Schäfer-Berufsbildungswerk in Husum**.

Das Theodor-Schäfer-Berufsbildungswerk (TSBW) geht zurück auf den Theologen Theodor Schäfer, der sich Zeit seines Lebens für die Belange körperlich behinderter Menschen eingesetzt hat.

Das TSBW bietet sowohl Hilfe bei der beruflichen Erstausbildung, als auch bei der Wiedereingliederung in das Berufsleben. Das TSBW arbeitet auf christlicher Grundlage und ist Mitglied in der norddeutschen Gruppe der Diakonie. Auf ihren Internetseiten präsentiert sich das TSBW sehr ausführlich.

Gerne werde ich für Sie schauen, wie diese und auch andere Einrichtungen, die ich auf meiner Internetseite vorstelle, Ihnen helfen können.

---

[29] Dieser Blog erschien am 16. Dezember 2013 auf der Internetseite des Autors, http://www.carsten-dethlefs.de/wie-ich-ihnen-helfen-kann

Jedermann kann etwas zum Gelingen des gesellschaftlichen Ganzen beitragen

Interview mit Dr. Carsten Dethlefs, Wirtschaftswissenschaftler und Autor

Wann waren Sie Stipendiat der Konrad-Adenauer-Stiftung?

Ich war vom 1. April 2010 bis Ende März 2013 Promotionsstipendiat der Konrad-Adenauer-Stiftung.

Haben sich viele Kontakte aus dieser Zeit gehalten?

Ja, auch Dank der sozialen Medien stehe ich nach wie vor mit vielen ehemaligen Konstipendiaten überall auf der Welt in Kontakt.

Was haben Sie aus Ihrer Stipendiatenzeit sonst noch mitgenommen?

Ich habe bei den obligatorischen Seminaren einige inhaltliche Dinge gelernt. Vor allem aber habe ich etwas über die Abläufe und die Kommunikation in der Politik und im akademischen Betrieb gelernt. Die KAS ist ja stets bemüht, ihre Stipendiaten mit Funktionsträgern unterschiedlichster Art zusammenzubringen. Das hat mir gefallen.

Gibt es ein Seminarerlebnis, an das Sie sich besonders gern zurückerinnern?

Ich habe vom 31. März bis 2. April 2012 selbst ein Seminar zum Thema „Soziale Marktwirtschaft und kleine Einheiten" in meiner Heimat – genauer gesagt in Büsum – veranstaltet. Ich war sehr stolz, Menschen von überall aus Deutschland meine Heimat und die Nordsee zeigen zu können.

Sind Sie im Altstipendiatenbereich oder in anderer Weise für die Stiftung aktiv?

Seit kurzem bin ich jetzt offiziell Altstipendiat und habe Zugang zu den entsprechenden Netzwerken. Bisher hat sich dort aber noch nichts ergeben. Allerdings war ich Ende Oktober in Dresden und durfte dort beim Bildungswerk der KAS über „Soziale Gerechtigkeit zwischen Wohlfahrtsstaat und Nachtwächterstaat" referieren. Gerne würde ich – gerade mit meinem Dissertationsthema der sozialen Gerechtigkeit – auch darüber hinaus für die Stiftung aktiv sein. Hier könnten ansonsten andere Parteien die Christdemokratie vermeintlich überflügeln.

„Bleibe nicht unter Deinen Möglichkeiten!" – So lautet der Wahlspruch auf Ihrer Homepage (www.carsten-dethlefs.de). Was bedeutet dieser Satz für Sie?

Dieser Wahlspruch hat sehr persönliche Wurzeln. Ich hatte es häufig erlebt, dass Leute mir aufgrund meines Handicaps – der physischen Blindheit – wenig zutrauten. Das hat mich sehr gestört. Jetzt habe ich es zumindest schon einmal zu einem Doktortitel gebracht. Ich möchte aber, dass auch andere Menschen in einer schwierigen Situation an sich glauben, um etwas aus sich zu machen. Man darf sich eben nicht zu leicht von Schwarzsehern verunsichern lassen. Darüber hinaus habe ich das starke Gefühl, dass meine Heimatregion weit unter ihren Möglichkeiten bleibt. Egoismen statt Kooperationen hemmen die Entwicklung in Dithmarschen auf vielen Ebenen.

Abbildung 15: Foto von privat

Dithmarschen kann hierbei aber sicher stellvertretend für viele andere Regionen in Deutschland und Europa stehen. Aus diesem Grund habe ich diesen Imperativ als Spruch auf meine Seite gesetzt. Sie setzen sich für eine integrierte Gesellschaft ein, die „jeden Menschen als gleichwertiges und wertvolles Subjekt" begreift.

Was heißt das und wie sieht solch eine Gesellschaft aus? Ist diese bereits verwirklicht oder wo sehen Sie Nachholbedarf? Wie kann der Weg dorthin gelingen?

Wie ich bereits eben sagte, bleibt jede Gesellschaft unter ihren Möglichkeiten, die nicht zielführend kooperiert. Grundlage hierfür ist es, dass man jeden Menschen als gleiches und freies Subjekt begreift, das jederzeit Entwicklungsmöglichkeiten besitzt. Hier ist also jeder Mensch zugleich Subjekt und Kooperationspartner in einer Gesellschaft – er ist integriert. Verwirklicht ist eine solche Gesellschaft sicher noch nicht. Man sollte aber anfangen, in seinem persönlichen Umfeld und im Rahmen seiner/ihrer Möglichkeiten für dieses Gesellschaftsideal zu kämpfen. Man kann es sich im internationalen Wettbewerb nicht leisten, Ressourcen brachliegen zu lassen. So würden auch viele schlechte Gedanken überflüssig werden, wenn ein jeder merkt, dass er oder sie gebraucht wird. Ob dieses Ideal jemals zur Gänze erreicht wird, weiß ich nicht. Ich weiß nur, dass in einer freiheitlichen Gesellschaft, niemand zur Gänze stark oder schwach ist. Jedermann kann etwas zum Gelingen des gesellschaftlichen Ganzen beitragen. Besitzstandswahrer und Kartelle haben es in einer solchen Gesellschaft dann zu Recht schwer.

(Eigen-)Verantwortung innerhalb der Gesellschaft übernehmen – ist dies eine Forderung, die jeder erfüllen kann oder an deren Erfüllung Menschen umgekehrt gar gehindert werden?

Jeder Mensch kann in einem gewissen Umfang Eigenverantwortung übernehmen – der eine mehr, der andere weniger. Gehindert wird man häufig durch staatliche Leistungen, die zum einen die Bequemlichkeit fördern und zum anderen die Menschen denken lassen, dass der Staat sich schon um alles kümmere und man selbst nichts tun müsse. Ein solches Denken führt aber nicht weiter.

Sie sind Wirtschaftswissenschaftler und haben zum Thema „Soziale Gerechtigkeit in Deutschland" promoviert. Angesichts der Debatten zu Bildung, Armut, der sozialen und gesellschaftlichen Entwicklung, in denen der Begriff häufig benutzt wird, erscheint dies als eine immer dringlichere Fragestellung. Lebt es sich in Deutschland gerecht? Was verstehen Sie unter „Gerechtigkeit", wie kann dieser schillernde Begriff definiert werden?

Ich denke schon, dass es sich in Deutschland gut und gerecht leben lässt. Hierbei ist es wichtig zu erwähnen, dass es den Begriff der Gerechtigkeit schlechthin gar nicht gibt. Es gibt eine egalitaristische und eine non-egalitaristische Gerechtigkeit. Kurz gesagt: Im Egalitarismus wird der Armuts- bzw. Reichtumsbegriff immer in Abhängigkeit von anderen Menschen definiert. Wenn also ein Mensch mehr hat, muss ein anderer im

Verhältnis zu diesem Menschen auch mehr haben. Im Non-Egalitarismus orientiert sich die Gerechtigkeit an absoluten Werten. Also, wenn es mir gut geht, reicht es aus, was ich habe. Dann ist mir egal, wieviel die anderen Menschen haben. Nach dieser Maxime versuche ich auch ein Stück weit zu leben. Der Non-Egalitarismus funktioniert, so lange die Strukturen so beschaffen sind, dass man mit Anstrengung jede gesellschaftliche Position erreichen kann, wenn man es denn will. Hierdurch wird auch der in Deutschland scheinbar so verbreitete Neid bekämpft.

Kann eine Gerechtigkeitstheorie Hilfestellung bieten, um Lösungen und Antworten auf aktuelle politische und wirtschaftliche Herausforderungen zu finden?

Theorien sind gut und schön. Man darf sich aber nicht hinter ihnen verstecken. Deshalb würde ich sagen: Sie können Hilfestellung geben. Gleichwohl müssen sie immer an die jeweilige reale Situation angepasst werden.

Man darf nämlich nie vergessen, dass jede Theorie auch ihre eigene Ideengeschichte hat, die nicht auf alle Situationen in Gegenwart und Zukunft übertragbar ist.

Ein „Vorwurf" an ökonomische Theorien bezieht sich auf das ihnen zugrundeliegende Menschenbild des „Homo oeconomicus". Inwiefern hat sich dieses gewandelt und brauchen wir ein neues Menschenbild?

Das Menschenbild des Homo Oeconomicus wird nicht von vornherein postuliert. In der rückschauenden Analyse erscheint es nur so, als ob die Menschen strikt nach ökonomischen Maßstäben – und manchmal auch ausschließlich nach ökonomischen Maßstäben – handeln. Mir wäre der Homo Culturalis ein Stück weit lieber. Auch dieser handelt nach wirtschaftlicher Vernunft. Er hat aber gleichzeitig auch den Blick für Kunst, Kultur, Natur, Landschaft etc. Der Nationalökonom und einstige Berater Ludwig Erhards – Wilhelm Röpke – hat diesen Menschentypus in seinen Schriften vornehmlich skizziert. Ein anderer Nationalökonom – Friedrich August von Hayek – sagte einst: „Wer nur etwas von der Ökonomie versteht, versteht selbst diese nicht." Dem ist aus meiner Sicht nichts hinzuzufügen.

Sie wirken als Referent und Publizist, haben Schriften und Diskussionsbeiträge bzw. Vorträge zu unterschiedlichen Themen verfasst und

gehalten. Was macht den Kern Ihrer Arbeiten aus? Welche Themen beschäftigen Sie momentan besonders und welche gesellschaftlichen Problemfelder erachten Sie derzeit als relevant?

Sie haben die Themenfelder, mit denen ich mich befasse, ja schon ganz gut in Ihre Fragen integriert. Man kann wohl sagen, dass ich versuche, meine Schriften aus einer aufklärerischen und motivierenden Perspektive zu verfassen. Derzeit stehen aber natürlich Koalitionsverhandlungen im Bund an und da gibt es reichlich Themen. Gerade der gesetzliche und flächendeckende Mindestlohn ist ein Thema, mit dem ich mich zur Zeit leidenschaftlich beschäftige. Ich halte einen solchen Mindestlohn nämlich für problematisch. Die Kaufkraft von 8,50 Euro ist über das Bundesgebiet verteilt höchst unterschiedlich. Darüber hinaus sollten die Tarifparteien auf Branchenebene auch weiter die Löhne frei aushandeln können, sofern sie sich auf Augenhöhe begegnen. So könnte man sich vielleicht in jeder Branche und in jeder Region auf Mindestlöhne verständigen. Wichtiger als Mindestlöhne sind Strukturen, die jedem einen individuellen gesellschaftlichen bzw. beruflichen Aufstieg ermöglichen. Sie sehen also: Der Kern meiner Arbeit besteht im Aufgreifen und Diskutieren aktueller Themen. Diese Themenfelder betrachte ich aber auch häufig aus einer historischen Perspektive. Man glaubt nämlich gar nicht, wie alt so manche Diskussion, die heute durch die Medien geistert, eigentlich schon ist. In nächster Zukunft wird man darauf achten müssen, dass man den Menschen nicht mehr nur als Teil von Statistiken sieht, mit denen sich die unterschiedlichen politischen Kräfte behaken. Die Lebenswirklichkeit der meisten Menschen ist nämlich sehr viel komplexer als man einer Statistik entnehmen kann[30].

Interview: Kristina Weitkunat

---

[30] Am 30. Dezember 2013 wurde das Interview auf der Homepage des Autos veröffentlicht.   http://www.carsten-dethlefs.de/jedermann-kann-etwas-zum-gelingen-des-gesellschaftlichen-ganzen-beitragen. Das Original ist in KASsiber, dem Newsletter der Altstipendiaten der Konrad-Adenauer-Stiftung, Ausgabe 3/2013 erschienen, die ebenfalls über die Homepage eingesehen werden kann.

Die blinde Gerechtigkeit

Die blinde Gerechtigkeit

Es waren harte, sehr harte Worte. Mit dem „Kollektiv der Jammerlappen", dem Blindenverband, wollte **Carsten Dethlefs** nichts mehr zu tun haben. Er hatte sich geärgert, als er wieder einmal zu einer Demonstration gegen die Kürzung des Blindengeldes aufgerufen wurde. „Die Schwächsten vorschicken, ihre Hilfsbedürftigkeit zur Schau stellen und sie abhängig machen von Almosen des Staates" – das mache der Verband, kritisierte er in einem Beitrag in der „Welt". „Ich will nicht jammern", sagte der im Alter von vier Jahren erblindete Norddeutsche. „Ich will ernstgenommen werden, etwas leisten."

Damals schrieb Dethlefs schon an seiner Dissertation über „Soziale Gerechtigkeit in Deutschland". Dutzende Bücher und Hunderte Artikel hat er eingescannt und mit einer sogenannten Braille-Zeile (nach dem Erfinder der Blindenschrift **Louis Braille**) auf seinem PC gelesen. Nach knapp drei Jahren hat er eine 400-Seiten-Arbeit fertiggestellt. Diese Woche hat der 32-Jährige an der Goethe-Universität in Frankfurt seine Disputatio bestanden. Wichtigste Referenz war für ihn die Gerechtigkeitstheorie von **John Rawls**. Dethlefs ist gegen zu viel staatliche Umverteilung, gegen Paternalismus. Er schätzt den liberalen Ökonomen **Wilhelm Röpke**.

Selbstbewusst, klug, strukturiert, auch eigensinnig – so präsentiert sich Dethlefs. In seinem Vortrag verhaspelt er sich kein einziges Mal, während eine Sekretärin die zwei Dutzend Folien weiterschaltet. Da staunt einer der Professoren. „Ich muss immer auf meine Folien schauen, wenn ich Vorträge halten." Die Diskussion ist durchaus kritisch. Nach bestandener Prüfung schenkt ihm seine Freundin ei-

nen selbstgebastelten Doktorhut. Nun steht er im Sonnenlicht vor der Uni. Er blinzelt glücklich.

Diesen Erfolg hat er sich erkämpft. „Es war nicht leicht, aber mir hat auch niemand versprochen, ein leichtes Leben zu führen", sagt er und lacht rauh. Als er ein Kind war, hat ein Tumor in seinem Kopf den Sehnerv zerstört. Trotzdem ging er auf die normale Grundschule in seinem Dorf in Dithmarschen, allerdings mit einer Sonderpädagogin an der Seite. Mit eisernem Willen absolvierte Dethlefs das Gymnasium, dann hat er BWL studiert. Mit Bewerbungen nach dem Studium hatte er wenig

Der blinde Carsten Dethlefs wurde jetzt in Frankfurt promoviert. Foto Frank Röth

Glück. Arbeitgeber schreckten zurück, wenn sie das Wort „blind" lasen. Kurz arbeitete er in einem Call-Center, das dafür einen staatlichen Zuschuss kassierte, und verkaufte Lotterielose. Nach zwei Monaten warf er den Job hin. Dann arbeitete er an der FH Kiel in einem IT-Institut – aber ihm gefiel nicht, dass er nur Projekte für Behinderte machte. So entschloss er sich zu ei-

nem Aufbaustudium und schließlich zur Promotion in Frankfurt. Sein Doktorvater ist Professor **Bertram Schefold**. „Der hat mich ohne Vorurteile und ohne Mitleid betreut – super."

Nun bewirbt er sich wieder. Er hatte Vorstellungsgespräche in einem Ministerium. Auch als Publizist oder bei einem Fachverlag würde er gern arbeiten. Nötig sei „Aufklärung der Arbeitgeber, was für technische Möglichkeiten es gibt, einen Arbeitsplatz behindertengerecht einzurichten". Wie viele Blinde es in Deutschland gibt, darüber gibt es keine genauen Zahlen. Laut Schwerbehindertenstatistik sind es

mehr als 350 000 – überwiegend im Rentenalter. Etwa 15 Prozent der Blindengeldbezieher sind unter 40 Jahren. „Die Sozialverbände betrachten uns als Objekte der sozialen Gerechtigkeit, nicht als Subjekte", meint Dethlefs. Ohne staatliche Hilfe geht es nicht. Doch sagt er auch: „Zwischenmenschliche Hilfe ist mehr wert als staatliche Hilfe." *ppl.*

**Abbildung 16: Frankfurter Allgemeine Sonntagszeitung
vom 21. April 2013**

Mein Jobportal – eine Projektbeschreibung

Unter den Menschen mit Behinderung ist die Arbeitslosigkeit nahezu doppelt so hoch wie unter Menschen, die keine Behinderung haben. Das möchte ich ändern! Dazu stelle ich Ihnen mein Jobportal vor!

Am 22., 25. und 29. Januar 2014 habe ich drei Anzeigen in unterschiedlichen Zeitungen geschaltet mit folgendem Aufruf:

Bleibe nicht unter deinen Möglichkeiten

Ich suche Unternehmen, die bei gleicher Eignung auch Menschen mit einer physischen Behinderung einstellen. Das Ziel ist, für diese Menschen ein Jobportal auf der Seite **www.carsten-dethlefs.de** aufzubauen. Ich freue mich, wenn Sie sich bei mir melden (Tel: 04802 464) oder direkt über die Website.

Für Unternehmen:

Dieser Pool wird offline verwaltet. Gegen eine festgelegte Gebühr pro Tag **können sich Unternehmen** jedoch auch **ausführlich auf meiner Seite präsentieren**. Die Platzierung auf der Seite kann jederzeit gekündigt werden. Beratungsdienstleistungen werden individuell – je nach Aufwand – vereinbart. Sollte ein Unternehmen durch Neuzugänge auf meiner Seite weiter nach unten rutschen, verringert sich die Gebühr.

Für Arbeitnehmer:

Ich freue mich natürlich auch auf weitere **Mandanten, denen ich bei der Arbeitsplatzsuche behilflich sein möchte**. Zur Vermittlung werde ich den gesamten Pool an Firmen berücksichtigen und – je nach Situation

- passende Unternehmen vorschlagen
- Kontakte herstellen und
- Alternativvorschläge unterbreiten.

Die Mandanten werden unterstützt,
- sich in sozialen Netzwerken und
- in Job-Börsen zu präsentieren und
- bei der Erstellung von Bewerbungsunterlagen beraten.

Vertraglich wird hierfür eine Aufwandsentschädigung, um für Sie tätig zu werden, festgelegt; im Erfolgsfall ist ein zusätzliches Honorar zu zahlen.

Ich möchte, dass auch Sie nicht unter Ihren Möglichkeiten bleiben müssen![31]

---

[31] Dieser Blog erschien leicht verändert am 20. Januar 2014 auf der Internetseite des Autors, http://www.carsten-dethlefs.de/mein-jobportal-eine-projektbeschreibung

Die Macht unwahrscheinlicher Ereignisse: Der schwarze Schwan als Herausforderung für Demokratien

Ereignisse, die selten vorkommen, lassen sich häufig schwer prognostizieren. Das hat Folgen – auch für die Politik. – Ein Post über schwarze Schwäne und was diese mit Wahlversprechen zu tun haben.

Der skeptische Empiriker Nassim Nicholas Taleb (geb. 1. Januar 1960) hat in seinen jüngsten Werken die Figur des „schwarzen Schwans" entwickelt (Der schwarze Schwan: Die Macht höchst unwahrscheinlicher Ereignisse; Black Swan and Domains of Statistics, The American Statistician, August 2007, Vol. 61, No. 3). Bevor Australien entdeckt wurde, so argumentiert er darin, hatte man rein durch Beobachtungen festgestellt, dass alle Schwäne weiß seien. Nach der Entdeckung des neuen Kontinents musste man diese Sichtweise revidieren, weil man dort auch schwarze Schwäne vorfand.

Mit dem Ausdruck „schwarzer Schwan" bezeichnet Taleb daher auch im übertragenen Sinne **Ereignisse, die**

vermeintlich unvorhersehbar sind,

nur selten vorkommen,

große Auswirkungen zeitigen und

in der Rückschau eigentlich höchst plausibel sind.

In der jüngeren Geschichte lassen sich beispielsweise Ereignisse wie der 11. September 2001 oder die Finanz- und Wirtschaftskrise hierzu zählen, aber auch die Energiewende in Deutschland.

Dass etwa ein Übermaß an Liquidität, verbunden mit einer mangelnden persönlichen Haftung, über kurz oder lang zu einer Krise führen muss, erscheint im Nachhinein nur allzu logisch. Gleiches gilt für die Logik einer weit verbreiteten Atomkraftphobie nach einem nuklearen Unfall in einem hochentwickelten Industrieland. Das letztgenannte Ereignis thematisierte Taleb zwar noch nicht, meinte aber genau derlei Vorkommnisse.

Trotz der Aufzählung dieser überwiegend Angst einflößenden Beispiele darf nicht unerwähnt bleiben, dass es sehr wohl auch **positive „schwarze Schwäne"** gibt. Der im Vergleich mit anderen Ländern äußerst robuste deutsche Arbeitsmarkt während der Krise mag hierfür ein passendes Bild abgeben.

Ein weiterer Pfeiler von Talebs Gedankengebäudes besteht darin, seinen Blick auf das **Nichtwissen** zu wenden und nicht auf die Dinge, die klar zutage liegen. Dieses beschreibt er anhand einer medizinischen Untersuchung nach einer offenbar erfolgreichen Krebsbehandlung. Wenn der Arzt sagt, dass er in der besehenen Stichprobe keine bösartigen Zellen mehr gefunden habe, sage dieses nichts über die restlichen Zellen aus, die lediglich mit einer hohen Wahrscheinlichkeit frei von Krebs seien. Somit lässt die Stichprobe „schwarze Schwäne" außer Acht.

Auch die vermeintlich eindeutige Zurechenbarkeit von **Ursache und Wirkung** lehnt Taleb ab. Dieses beschreibt er anhand eines Schiffsunglücks. Hier hätten alle Überlebenden vor Antritt der Reise gebetet und begründeten ihre Rettung mit ihrer Frömmigkeit. Die ertrunkenen Personen könne man aber nicht fragen, ob sie nicht auch gebetet hätten, sodass diese rein oberflächliche Beobachtung der Frömmigkeit für Taleb als Ursache für die Rettung ausfällt.

Gleiches gilt etwa für erfolgreiche Gastronomen. Auch wenn ihr Erfolg, und die Berichterstattung zum Nacheifern einlädt, weiß man nichts über die große Zahl der gescheiterten Existenzen, die eine andere Entscheidung nahelegen würden.

Diese Sicht der Dinge ist auch für die Politik interessant. Zum Einen müssen **Wahlversprechen** vor diesem Hintergrund als höchst unglaubwürdig erscheinen, da man nie wissen kann, welche „schwarzen Schwäne" einer Nation im Laufe der Legislaturperiode über den Weg fliegen. Hätte beispielsweise George W. Bush vor dem 11. September 2001 das Versprechen geäußert, dass es unter seiner Regentschaft keinen Krieg geben würde, er wäre im Nachhinein als Lügner dagestanden.

In Deutschland hat man den „schwarzen Schwan" hautnah im Bereich der Energiepolitik miterleben dürfen: Nachdem die Laufzeiten für Kernkraftwerke gerade erst verlängert worden waren, verkündete die Bundesregierung den radikalsten Ausstieg aus der Atomenergie, den man sich vorstellen konnte.

Fazit: Da es immer „schwarze Schwäne" geben kann, sind Wahlversprechen höchstens, wie der Name schon sagt, Versprechen, auf die einzelne Interessensverbände nach der Wahl nicht pochen können, wenn sich die Situation durch ein unvorhergesehenes Ereignis radikal geändert hat (was freilich in den meisten Fällen eine Auslegungssache ist).

Weiterhin sollten Politiker sehr vorsichtig sein, sich die Erfolge ihrer Reformpolitik selbst auf die Fahnen zu schreiben. Eine reine **Ursache-Wirkungs-Kette** verneint Taleb in nachvollziehbarer Weise und steht hiermit u.a. in Kontinuität mit Wilhelm Röpke, der 1954 seinen Aufsatz „Die Rechnung ohne den Menschen" (Hennecke 2009, Marktwirtschaft ist nicht genug) und "Homo Oeconomicus oder Homo kulturalis – aktuelle Herausforderungen für das ordoliberale Menschenbild" (in: Ordo Band 63, S. 135-156, von Wörsdörfer, Manuel/Dethlefs, Carsten, 2012) veröffentlichte.

Gleichwohl werden wir – und insbesondere im Jahr einer Bundestagswahl – nicht um dieses Schauspiel herumkommen, was auch seine Vorteile hat. Denn die Einstellung, ohnehin nichts oder nicht eindeutig etwas bewegen zu können, würde zu einer verheerenden Schicksalsergebenheit führen, die aus Sicht des Verfassers abzulehnen ist.

Im Übrigen: Taleb schreibt der Ökonomie jedwede Berechenbarkeit und theoretischer Fundierung ab, was hier ebenfalls keine Zustimmung finden kann. Was man von diesem Gedanken jedoch übernehmen sollte, ist eine höhere Sensibilität gegenüber den vermeintlich unsichtbar vor sich gehenden Prozessen in Wissenschaft, Wirtschaft und Politik. Denn: wie schwarz und somit unvorhersehbar ein Schwan ist, liegt immer im Auge des Betrachters[32].

---

[32] Dieser Blog-Beitrag erschien am 18. Januar 2013 auf den Internetseiten der „Initiative Neue Soziale Marktwirtschaft" (INSM); http://blog.insm.de/6181-die-macht-unwahrscheinlicher-ereignisse-der-schwarze-schwan-als-herausforderung-fur-demokratien/

Kapitel 2 – Die versteckte Wirklichkeit oder Die Macht des Unsichtbaren

1. Einleitung

Wenn wir zum Arzt gehen, tun wir dieses meistens, weil wir eine unangenehme Veränderung an uns bemerken. Der Arzt geht dann meistens so vor, dass er sich die Symptome beschaut und selbige einer bestimmten Krankheit zuordnet. Die Vermutung wird dann zumeist durch Blutproben etc. validiert. Der Arzt schließt bei der Diagnose rein beobachtend von allgemein bekannten Tatsachen auf das Spezielle – auf unseren Organismus. Wenn dann gerade eine bestimmte Krankheitswelle im Umlauf ist, fällt ihm so etwas umso leichter. Doch liegt die Wahrheit oftmals tiefer. Ich selbst habe es erlebt, als man 1984 bei mir Keuchhusten diagnostizierte. Es war gerade eine solche Epidemie im Umlauf, ich selbst fühlte mich schlapp und habe erbrochen. Man kann einem Arzt wirklich keinen Vorwurf machen, wenn er dann rein beobachtend auf die Idee kommt, dass es sich bei dieser Krankheit - genauso wie bei vielen anderen Kindern in der Gegend – um Keuchhusten handelt. Dass sich diese Symptome wenig später im Krankenhaus jedoch als ein weitaus gefährlicherer Hydrocephalus herausstellte, welcher mir letztlich das Augenlicht kosten sollte, ist meinem damaligen Hausarzt nicht anzulasten. Er handelte nur so wie viele – ich möchte sagen die meisten – Menschen in unterschiedlichen Berufen, was die Kritik am rein beobachtenden Vorgehen in unterschiedlichen Wissenschaften nicht weniger scharf ausfallen lässt

Ähnlich gefährlich ist das rein aus allgemeinen Beobachtungen stammende Schließen auf das Spezielle auch in anderen Bereichen – beispielsweise in der Ökonomie. Ohne eine tiefgreifende Analyse wird lediglich kurzfristig an den offen zutage liegenden Auswirkungen herumlaboriert, anstatt die wahren Ursachen zu analysieren. Hierdurch wird auf Grundlage dessen eine vielleicht sehr viel wirksamere Therapie unterlassen und ein gefährlicher Prozess bleibt unbehandelt.

Im Folgenden sollen nun zunächst einige Anmerkungen darüber gemacht werden, was den Empirismus so gefährlich machen kann. An dem reinen Beobachten ist nämlich keine Kritik zu üben. Die Kinder, die damals tatsächlich an Keuchhusten litten, werden dem Arzt nämlich für seine Diagnose gedankt haben. Es kommt vielmehr auf den Umgang mit den erhobenen Daten an. Des Weiteren sollen – darauf aufbauend – Empfehlungen gegeben werden, wie mit Daten umzugehen ist, die rein aus der Beobachtung gewonnen wurden. In diesem Zusammenhang wird auch die Frage gestellt, ob die Beobachtung an sich ausreicht, um die Realität abzubilden, und wie man gegebenenfalls an die versteckte Realität herankommt.

2. Schwächen des Empirismus

Wie bereits erwähnt, ist der Empirismus – insbesondere in den Wirtschaftswissenschaften – nicht rundweg abzulehnen. Man muss nur wissen, wie man mit ihm umgeht. In diesem Abschnitt sollen die Fehler beleuchtet werden, die im Umgang mit empirisch erhobenen Daten gemacht werden können.

Insbesondere in der Ökonomie hat man es nämlich nur allzu oft mit Dingen zu tun, die sich nicht beobachten lassen. Das erste und wohl bekannteste Beispiel hierfür ist die vom Begründer der Nationalökonomie Adam Smith gepriesene „invisible hand" – einer unsichtbaren Macht, die das Gleichgewicht zwischen Angebot und Nachfrage herbeiführt.

Durch die Umfragenforschung, welche versucht, die unterschiedlichen Bedürfnisse zu messen, ist diese „Hand" in den heutigen Tagen zwar vermeintlich nicht mehr allzu unsichtbar, dennoch stellt sich die Frage, wie weit diese Forschung führt. Meine Skepsis gegenüber der Umfragenforschung lässt sich an folgendem Beispiel trefflich illustrieren:

Es gibt in Deutschland –insbesondere nach Beginn der Energiewende – die durchaus berechtigte Angst, dass Freizeitparks durch den Zubau von Energieerzeugungsanlagen – vor allem Windkraftanlagen – an Attraktivität verlieren. Ein Forschungsinstitut machte daraufhin in einem solchen Freizeitpark eine Umfrage unter den Besuchern, ob sie denn diese Anlagen stören würden. Das Ergebnis war, dass dieses nicht der Fall sei. Wo aber liegt hier der Trugschluss? Ganz einfach: Wenn man nur die Besucher befragt, die trotz Vorhandenseins dieser Anlagen den Freizeit- und Erholungspark besuchen, erhält man Ergebnisse nur von denjenigen Menschen, die sich ohnehin nicht haben abschrecken lassen. Ansonsten wären sie keine Besucher. Die Gruppe Menschen, die sich aber gegen einen Besuch entschieden hat, tauchen in diesem Ergebnis gar nicht auf. Die Wirklichkeit, welche man versucht zu erheben, liegt demnach im Dunkeln.

Der skeptische Empiriker Nassim Nicholas Taleb hat über dieses Problem im Jahr 2008 ein hervorragendes Buch verfasst. Es heißt in der deutschen Übersetzung „Der schwarze Schwan – die Macht höchst unwahrscheinlicher Ereignisse". Hierin führt er die Figur des Schwarzen Schwans ein. Er berichtet davon, dass man immer davon ausgegangen sei, alle Schwäne wären weiß. Diese Behauptung galt als unumstößlich. Jedoch war die Verwunderung groß, als man eines Tages in Australien schwarze Schwäne sichtete und somit die rein beobachtete Wirklichkeit auf einen Schlag widerlegt wurde. Nach Taleb haben Schwarze Schwäne vor allem drei Merkmale. Diese sind die Seltenheit, die großen Auswirkungen, welche Schwarze Schwäne zeitigen und das Phänomen, dass sie im Rückblick eigentlich erklärbar und sehr logisch erscheinen. Börsencrashs, Terroranschläge und ähnliche Ereignisse können ebenso dazugezählt werden, wie die überraschend guten Arbeitsmarktzahlen in Deutschland während der Finanz- und Wirtschaftskrise[33].

Ein weiteres Problem bei der Verwendung der Daten, die man durch reine Beobachtung gewonnen hat, ist, dass sie – je nach Ausgestaltung des Fragebogens oder anderer Beobachtungsinstrumente – einer Interpretation bedürfen. Was macht man beispielsweise aus der Erkenntnis, dass im Gefolge erhöhter CO_2-Ausstöße die Temperatur auf der Erde ansteigt? Kann man daraus schließen, dass Treibhausgase hierfür allein verantwortlich sind? Ich bin ein großer Verfechter des Umweltschutzes und gegen jede unnötige Belastung der Natur. Doch weiß man denn, ob es für den Temperaturanstieg nicht auch andere Ursachen geben könnte? Taleb schreibt in der 2010 erschienenen Fortsetzung des Schwarzen Schwans von einem ganz ähnlichen Phänomen.

Aber es müssen gar nicht so komplexe und urwüchsige Systeme sein wie die nicht allein für den Menschen gemachte Natur, in denen man die Kraft logischer Fehlschlüsse beobachten kann. Betrachten wir uns einmal politische Reformprozesse. Stellen wir uns ein Land vor, dem es gelingt trotz erhöhter Ausgaben seinen Haushalt auszugleichen, der vorher stark im Minus gewesen ist. Die Regierung, welche für die erhöhten Ausgaben verantwortlich zeichnet, wird es sich auf die eigenen Fahnen schreiben, den Haushalt durch die erhöhten Ausgaben und über den Multiplikatoreffekt ausgeglichen zu haben. Was man jedoch nicht weiß, ist, ob es sich hier um ein singuläres Ereignis handelt, das nur so stattfinden konnte, weil viele Zufälligkeiten zusammenwirkten. Was man ebenfalls nicht

---

[33] vgl. hierzu meinen Blogbeitrag bei der Initiative Neue Soziale Marktwirtschaft: http://blog.insm.de/6181-die-macht-unwahrscheinlicher-ereignisse-der-schwarze-schwan-als-herausforderung-fur-demokratien/

wissen kann, ist, ob der Haushalt im Falle einer höheren Ausgaben-disziplin nicht vielleicht sogar Überschüsse hätte erwirtschaften können. Auch hier liegt die volle Wirklichkeit im Dunkeln.

Ein weiteres Beispiel dafür, wie empirisch erhobene Daten die Wirklichkeit verschleiern können, ist das arithmetische Mittel. Folgendes Beispiel mag diese Hypothese erläutern. Wenn man mit einem Fuß in einem Eimer Wasser steht, das 5 Grad kalt ist, mit dem anderen Fuß aber in einem Eimer Wasser, das 70 Grad heiß ist, wäre die Durchschnittstemperatur wohl gerade recht angenehm. Das Temperaturgefälle macht eine solche Übung jedoch zu einer höchst schmerzhaften Angelegenheit. Worauf es nämlich ankommt, ist die Streuung der einzelnen Werte. Wie verteilen sich die angegebenen Antworten somit auf die Gesamtmenge? Hierüber geben viele Statistiken, mit denen wir es im täglichen Leben zu tun haben, keine Auskunft Die Wirklichkeit bleibt verborgen.

Ein letztes Beispiel für die versteckte Wirklichkeit liegt dem Verfasser selbst sehr am Herzen. Es handelt sich hierbei um das nur allzu menschliche Phänomen der Vorurteile. Gegenüber vielen Bevölkerungsgruppen und sozialen Schichten bestehen bereits vor der ersten Kontaktaufnahme vorgefertigte Meinungen (vgl. beispielsweise Dethlefs 2010). Die gesamte Lebenswirklichkeit erfasst man jedoch nur dann, wenn man unvoreingenommen und mit ein gerüttelt Maß an Empathie an diese Leute herantritt. Natürlich lässt sich Vorurteilsfreiheit nicht befehlen und schon gar nicht immer und überall durchhalten. Wir sollten uns unserer Voreingenommenheit jedoch sehr bewusst sein, um eine möglichst objektive Sicht der Dinge zu gewinnen und insbesondere Menschen nicht vorzuverurteilen.

Das Problem der Überhöhung empirischer Daten wiegt bereits schwer genug, wenn man uneinsichtige Politiker betrachtet. Gefährlicher aber wird es, wenn dieses rein positivistische Denken sich

einer ganzen Wissenschaft – nämlich der der Ökonomie – bemäch-
tigt. So sprachen sich in einer Anzeige vom 5. Mai 2009 über acht-
zig Professoren der Volkswirtschaftslehre gegen die Abschaffung
der Lehrstühle für Wirtschaftspolitik aus, die durch Lehrstühle der
reinen quantitativen Ökonomie ersetzt werden sollten. Generationen
von Studenten – so die Befürchtung – würden auf die rein beobachtende Perspektive hin gedrillt[34].

Dieser Trend scheint aber bis heute ungebrochen. Wissenschaft
ist eben nicht gleich Wissenschaft, wie auch die folgende Abbildung zeigt:

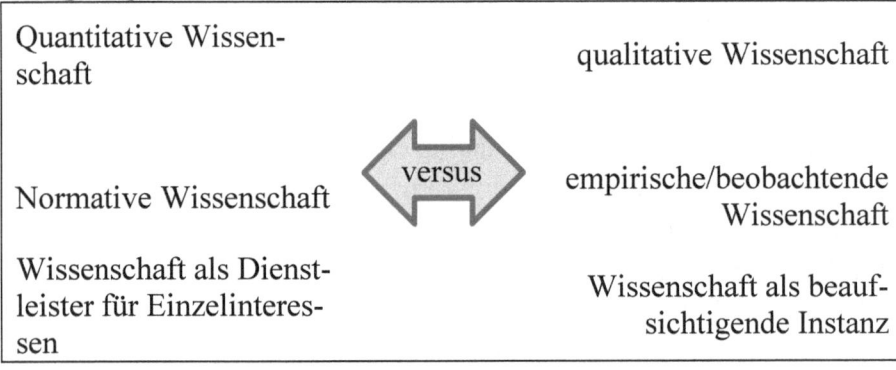

3. Kein neues Phänomen

Der Streit um die Ausrichtung der ökonomischen Wissenschaft
ist hierbei allerdings nicht neu. Ich möchte insbesondere zwei Zeit-
zeugen anführen, die sich während ihrer Schaffensperiode stark

---

[34] vgl. Volkswirtschaftslehre: Rettet die Wirtschaftspolitik an den Universitäten,
aufgerufen über:
http://www.faz.net/s/RubB8DFB31915A443D98590B0D538FC0BEC/Doc~EA1
E6687105BC44399168BC77ADE64F8A~ATpl~Ecommon~Scontent.html, zuletzt
konsultiert am 6. Januar 2014; vgl. hierzu auch den Aufsatz von Manuel
Wörsdörfer und mir mit dem Titel: „Homo Oeconomicus oder Homo Culturalis –
aktuelle Herausforderungen für das ordoliberale Menschenbild" – aus dem Jahr
2012.

gegen eine Überhöhung des Empirismus gewandt hatten. Dieses sind Walter Eucken und Wilhelm Röpke.

Walter Eucken sagte beispielsweise in einem Vortrag mit dem Titel „Nationalökonomie wozu?" aus dem Jahr 1938: „Mit Formeln kann man Leben nicht fassen, und gerade das – so meinen manche – versuche die Nationalökonomie. Begeht sie nicht die Sünde, Leben durch Dogmen zu töten? Hemmt sie nicht den Handelnden mehr, als dass sie ihn fördert? Folgt sie nicht dem Gang der Geschehnisse, statt sie zu gestalten" (Eucken 1961, S. 3). Eucken kritisiert hier die statische Ausrichtung der Volkswirtschaftslehre. Nach der Definition, an der er Kritik geübt hatte, bleibt kein Platz für Schwarze Schwäne, die aber in der Realität durchaus vorkommen. Wie schwarz die Schwarzen Schwäne sind, liegt hierbei ohnehin an der Sensibilität jedes Einzelnen. Schwarze Schwäne können auch durchaus grau sein – wie Taleb berichtet.

Auch Wilhelm Röpke meldet sich des Öfteren zu Wort, um den Charakter der Wissenschaft, wie er sie sich wünscht, zu verdeutlichen. In seinem Buch „Civitas Humana" sagt er: „Es geht nicht an, den Begriff des „Positivismus" so weit zu fassen, daß jeder Philosoph darunter fällt, der sich nur an die Erfahrung halten will und es ablehnt, über die Unsterblichkeit oder über den Urstoff als schlechthin unerfahrbare Dinge zu spekulieren. Dann würde man uns nur die beklemmende Wahl zwischen Positivismus und Metaphysik lassen und die Empiristen aller Schattierungen mit den Positivisten im engeren Sinne, sagen wir die Humes und die Comtes, in einen Topf tun, während jeder Gegner des Positivismus notwendigerweise Metaphysiker von der Art eines Hegel sein müßte (Röpke 1943, S. 119f.). Röpke entschärft mit diesen Bemerkungen den wissenschaftlichen Klassenkampf, der sich zwischen reinen Empiristen und reinen Theoretikern entspinnt. Gleichwohl ist es klar, auf welcher Seite Röpke steht – nämlich auf der der logisch und pointiert argumentierenden Theoretiker. Röpke ist scharfer Gegner einer szientisti-schen, die Mathematik überbetonenden Wissenschaft. Hierdurch werde das geforderte „prinzipielle Denken" (Röpke E. (Hrsg.) 1976, S. 22) verhindert. Diese Tendenz führe zur gedanklichen Zergliede-rung (vgl. auch: Peukert 1991, S. 17). So könne man lediglich, die (wie Hahn es ausdrückte) Ostereier suchen, die man vorher sorgfäl-tig versteckte (vgl. Röpke 1956, S. 120 und 123; Peukert 1991, S. 17).

Röpke sieht die Wirklichkeit demnach hinter mathematischen Formeln verborgen, die nicht im Stande sind, die gesamte Lebens-wirklichkeit der in einer Gesellschaft lebenden Menschen abzubil-den. Dieses wird auch in seinem Aufsatz „Die Rechnung ohne den Menschen" aus dem Jahr 1954 deutlich. Hier schreibt er über das rein beobachtende, empirische Schließen: „Es ist eine bestimmte Art, Wirtschaftsgeschichte zu treiben, eine aufschlußreiche und die Abwägung der Zukunftschancen stützende Art, aber diese Abwä-gung wird immer auf die grundsätzliche Ungewißheit und Unbere-chenbarkeit der Zukunft im Wirtschaftsleben zurückgeworfen (Röpke 1954 in: Hennecke 2009 (Hrsg.), S. 261)."

Man sieht nach den hier gemachten Aussagen demnach dreierlei:

- Erstens: Die Diskussion um die Methodik des wissenschaftli-chen Vorgehens ist bei Weitem nicht neu – sie ist sogar viel äl-ter, als die hier angeführten Autoren uns berichten. Der Metho-denstreit zwischen Gustav Schmoller und Carl Menger vom En-de des 19. Jahrhunderts ist nur eines von etlichen weiteren Bei-spielen.

- Zweitens: Eine Methode ist nicht per se gut oder schlecht. Sie darf nur nicht verabsolutiert werden.

- Drittens muss stets darauf Acht gegeben werden, in welchen Verwendungszusammenhang die mit einer bestimmten Methode erhobenen Ergebnisse gestellt werden. Man sollte sich stets bewusst machen, dass die gezeitigten Ergebnisse niemals 100 Prozent der Wirklichkeit abbilden können. Hierzu ist keine Methode allein in der Lage.

Schlussbetrachtung

In diesem Aufsatz konnten unterschiedliche Beispiele angeführt werden, welche die Schwächen unterschiedlicher wissenschaftlicher – vornehmlich empirischer Vorgehensweisen - deutlich gemacht haben. Dieses betrifft in dem vorliegenden Text die ökonomische Wissenschaft – nicht beleuchtet wurden ähnliche Diskussionen auch in anderen Disziplinen.

So glaubte man beispielsweise Robert Koch (1843/1910) lange Zeit nicht, dass er einen Krankheitserreger entdeckt hatte, der für den Tod vieler Menschen verantwortlich zeichnete. Erst mit dem technologischen Fortschritt und der Verfeinerung der Anwendung von Mikroskopen konnte man diese Behauptungen beweisen. In der Wirtschafts- und Sozialwissenschaft ist so etwas sehr viel schwieriger. Ohne eine massive Verletzung der Privatsphäre wird man nie erfahren, was in den einzelnen Menschen vorgeht und wie ihr Verhalten zu interpretieren ist. Man fühlt sich hier auch an das oft und gern zitierte Beispiel eines Mannes erinnert, der in dunkler Nacht im Schein einer Straßenlaterne auf dem Boden nach seinem Haustürschlüssel sucht. Als ein anderer Mann vorbeikommt und fragt, wo er denn seinen Schlüssel verloren habe, deutet der suchende Mann fernab in die Dunkelheit. Als der vorbeikommende Herr fragt, warum er denn unter der Laterne suche und nicht dort, wo er den Schlüssel vermutet, antwortet der suchende Mann, dass unter der Laterne die Beleuchtung besser sei. Für dieses Beispiel danke ich vor allem dem bereits leider verstorbenen Paul Watzlawick (1921/2007), bei dem ich diese Situation das erste Mal gehört habe.

Was können wir aus den hier gemachten Erörterungen somit lernen? Wir können Demut lernen. Denn nichts, was uns als offensichtlich erscheint, muss es auch tatsächlich sein.

Schlusswort

Auf den vorangegangenen Seiten konnte man einige Meinungen zu bestimmten Themen lesen, die alle eines gemeinsam haben: Sie drücken aus, dass keine Situation wirklich ausweglos ist und es sich immer lohnt, an das Gute zu glauben. Jeder Mensch ist wichtig und ein wertvolles Subjekt, dem man ruhig mehr zutrauen kann, als es in vielen heute geführten Diskussionen geschieht.

Ich freue mich, wenn's regnet. Denn wenn ich mich nicht freue, regnet's trotzdem.

Karl Valentin

Ich möchte am Schluss noch einmal wiederholen, dass in einer freiheitlichen Gesellschaft niemand zur Gänze stark oder schwach ist und jeder etwas zum Gelingen des gesellschaftlichen Ganzen beitragen kann und sollte. Wie können Anreize hierfür geschaffen werden? Anreize entspringen vor allem daraus, dass man für das Nichtstun weder Geld bekommen, noch auf andere Art und Weise belohnt werden sollte. Das gesellschaftliche und wirtschaftliche Zusammenwirken basiert immer auf dem Wechselspiel von Geben und Nehmen. Wenn man eine optimistische Einstellung an den Tag legt, wird man sich bewusst sein, dass man etwas zu geben imstande ist. Diesen Geist möchte dieses Buch verbreiten und wirklich jedermann ermuntern, möglichst nicht unter seinen oder ihren Möglichkeiten zu bleiben.

Auf Gerechtigkeit muss man hierbei nicht warten. Ich wüsste auch gar nicht, wo man sie einfordern sollte. Ich weiß nur, dass die Wahrscheinlichkeit für eine größere Gerechtigkeit im gesellschaftlichen Zusammenleben größer wird, wenn jeder versucht, das eigene Potential auszuschöpfen. Natürlich liegt es immer im Auge des Empfängers, was eine Leistung wert ist. Dieses wird auch immer auf die jeweilige Situation ankommen. In der Wüste ist Wasser mehr wert als an der See. Gleichwohl muss niemand in irgendeiner Situation sein/ihr Licht unter den Scheffel stellen!

Bleiben Sie optimistisch und hoffnungsfroh, so wie es Ludwig Erhard einst in einer äußerst schwierigen Zeit ebenfalls gewesen ist!

Herzlichst, Ihr Dr. Carsten Dethlefs

Literaturverzeichnis

Behne, Klaus-Ernst (2007): Synästhesie: die Verknüpfung der Sinne" in: „Handbuch der Musikpsychologie, 2007 S. 9, Marburg.

Dethlefs, Carsten (2010): Eine wirtschaftswissenschaftliche Betrachtung des Verhaltens von Zwangsgemeinschaften – Yes we can, auch – Hinweise für den konstruktiven Umgang mit persönlichen Einschränkungen. Hamburg

Erhard, Ludwig (2000): Wohlstand für alle - Jubiläumsausgabe, München.

Eucken, Walter (1961). Nationalökonomie wozu?. 4. Auflage, Düsseldorf-München.

FAZ vom 05.05.2009:
http://www.faz.net/s/RubB8DFB31915A443D98590B0D538 FC0BEC/Doc~EA1E6687105BC44399168BC77ADE64F8A~ ATpl~Ecommon~Scontent.html, zuletzt konsultiert am 6. Januar 2014

Gold Sharon (1976): The blind orator in: the National Federation of the Blind's magazine, the Braille Monitor, Baltimore Maryland.

Müller, Kai (2002): Tagesspiegel vom 2. Dezember 2002, Berlin.

Neues Duden Lexikon, 1991, Band 7, Mannheim.

Peukert, Helge (1991). Das sozialökonomische Werk Wilhelm Röpkes. Frankfurt a.M./Bern/New York/Paris.

Röpke, Eva. (1976). Briefe von Wilhelm Röpke 1934 – 1966: Der innere Kompass. Rentsch, Erlenbach Zürich.

Röpke, Wilhelm
(1943): Civitas Humana, Erlenbach/Zürich.

(1954). Rechnung ohne den Menschen. In: Marktwirtschaft ist nicht genug. Gesammelte Aufsätze, herausgegeben von Hans-Jörg Hennecke, Waltrop/Leipzig 2009, S. 258-270.

(1956). The place of Economics among the sciences. In: On Freedom and Free Enterprise, Essays in Honour of Ludwig von Mises, S. 112-127.

Schweitzer, Albert (1914-1917): Verfall und Wiederaufbau der Kultur, Lambarene.

Taleb, Nassim Nicholas

(2008). Der Schwarze Schwan – die Macht höchst unwahrscheinlicher Ereignisse, München.

(2010): Der Schwarze Schwan – Konsequenzen aus der Krise, München.

Wörsdörfer, Manuel, Dethlefs, Carsten (2012). Homo Oeconomicus oder Homo Kulturalis – aktuelle Herausforderungen für das ordoliberale Menschenbild. In: Ordo, Bd. 63, S. 135-156, Stuttgart.

www.tredition.de

Über tredition

Der tredition Verlag wurde 2006 in Hamburg gegründet. Seitdem hat tredition Hunderte von Büchern veröffentlicht. Autoren können in wenigen leichten Schritten print-Books, e-Books und audio-Books publizieren. Der Verlag hat das Ziel, die beste und fairste Veröffentlichungsmöglichkeit für Autoren zu bieten.

tredition wurde mit der Erkenntnis gegründet, dass nur etwa jedes 200. bei Verlagen eingereichte Manuskript veröffentlicht wird. Dabei hat jedes Buch seinen Markt, also seine Leser. tredition sorgt dafür, dass für jedes Buch die Leserschaft auch erreicht wird

Autoren können das einzigartige Literatur-Netzwerk von tredition nutzen. Hier bieten zahlreiche Literatur-Partner (das sind Lektoren, Übersetzer, Hörbuchsprecher und Illustratoren) ihre Dienstleistung an, um Manuskripte zu verbessern oder die Vielfalt zu erhöhen. Autoren vereinbaren unabhängig von tredition mit Literatur-Partnern die Konditionen ihrer Zusammenarbeit und können gemeinsam am Erfolg des Buches partizipieren.

Das gesamte Verlagsprogramm von tredition ist bei allen stationären Buchhandlungen und Online-Buchhändlern wie z. B. Amazon erhältlich. e-Books stehen bei den führenden Online-Portalen (z. B. iBook-Store von Apple) zum Verkauf.

Seit 2009 bietet tredition sein Verlagskonzept auch als sogenanntes "White-Label" an. Das bedeutet, dass andere Personen oder Institutionen risikofrei und unkompliziert selbst zum Herausgeber von Büchern und Buchreihen unter eigener Marke werden können.

Mittlerweile zählen zahlreiche renommierte Unternehmen, Zeitschriften-, Zeitungs- und Buchverlage, Universitäten, Forschungseinrichtungen, Unternehmensberatungen zu den Kunden von tredition. Unter www.tredition-corporate.de bietet tredition vielfältige weitere Verlagsleistungen speziell für Geschäftskunden an.

tredition wurde mit mehreren Innovationspreisen ausgezeichnet, u. a. Webfuture Award und Innovationspreis der Buch-Digitale.

tredition ist Mitglied im Börsenverein des Deutschen Buchhandels.

MIX

Papier | Fördert
gute Waldnutzung

FSC® C083411

Zeitfracht Medien GmbH
Ferdinand-Jühlke-Straße 7
99095 Erfurt, Deutschland
produktsicherheit@kolibri360.de